치킨도 먹는데

못할 것도 없지

장우연 에세이

편집자주

이 원고는 고유한 분위기를 살리기 위해 구어체를 살려 편집되었습니다.

치킨도 먹는데

못할 것도 없지

장우연 에세이

차례

INTRO

PART 1 민낯

SCENE #1	살 빼고 싶어서 왔지만 몸무게는 공개하기 싫어요	014
SCENE #2	해골 사진 감상: Born to be, Bone	021
SCENE #3	훈련은 운동선수만 하는 거 아닌가요?	025

PART 2 디깅: 조금씩 파고들

SCENE #4	꼴리는 대로	029
SCENE #5	진부한데 은근히 위로 되는 말: 오늘만 살아	036
SCENE #6	잘 되면 내 탓 안 되면 남 탓	041
SCENE #7	그럴 것 같다는 거지 그런 건 아니었어	044
SCENE #8	만나고는 싶지만 준비하다 지칠 뿐	050
SCENE #9	자아도 취함	053
SCENE #10	취중 진담 후에 마주한 현실	059

PART 3　Let It Be

| SCENE #11 | 진짜 내버려 두는 건 가장 어려운 사랑법이다 | 062 |
| SCENE #12 | 속마음을 알아주길 바라지만 정리되지 않은 속을 보이고 싶진 않아 | 068 |

PART 4　고통, 통하다

SCENE #13	중2병에 걸린 사춘기 몸 VS 통제병에 걸린 갱년기 의식	085
SCENE #14	편안이 오면 난 불편해져	087
SCENE #15	이불을 뒤집어쓰고 펑펑 울어요	092
SCENE #16	내 마음인데 내가 제일 모르겠어, 나만 그래?	097

PART 5　소강상태

SCENE #17	통치기엔 아까운 나의 소중한 고통	101
SCENE #18	꼴리는 대로의 끝에는 항상 치킨이 있다	104
SCENE #19	담배를 피우면 입맛이 떨어진다면서요?	108
SCENE #20	의지박약인 게 아니라 인간적일 뿐	115

PART 6 거짓말

SCENE #21	양치기 소년의 등장	120
SCENE #22	칭찬은 받고 싶지만 칭찬을 받으면 불안하고 우울해져요	123
SCENE #23	티 안 나는 탈선을 과자 먹듯 하며 원하지 않는 스릴을 느껴야 하는 소심한 인간	130
SCENE #24	하는 척하면서 아닌 척하기	136
SCENE #25	뭐든 다 잘하는 게 장점이에요. 단점은 특출나게 잘하는 게 없다는 거예요. 난 애매해요	139

PART 7 터닝 포인트

SCENE #26	대퇴부가 되고 싶다	145
SCENE #27	위기가 편안한 인간, 그냥 원래 불안한 인간이라	147
SCENE #28	내가 주연이야	149
SCENE #29	나 또 단역이었어	153
SCENE #30	나에게 과자는 칼이다	158

SCENE #31	피할 수도 없고 즐길 수도 없어	163
SCENE #32	불만족스럽다	167
SCENE #33	당장 할 수 있는 일이 없어서	171

PART 8 진짜 마주하다

SCENE #34	내 마음대로 되는 일이 없지만은 않아	176
SCENE #35	내가 그러기로 했다	181
SCENE #36	달라진 건 없는데 달라졌다	184

OUTRO

쿠키 문장

INTRO

나는 전생에 나라를 팔아먹은 게 분명합니다.
야식으로 치킨을 뜯을 수 있는 사람들은
전생에 나라를 구한 사람들이고요.

몇 년 전, 한여름 금요일 밤. 먹자골목을 걷고 있었다. 야외 테이블에 앉아 치맥을 즐기기 딱 좋은 선선한 날씨였다. 나만 빼고 이미 많은 사람들이 치맥을 즐기고 있었다. 사람들의 웃음소리 '하으으으으하으으으하하'가 유독 크게 귓가에 맴돌았다.

치킨을 뜯기 위해 입 주위 근육을 이용해 입을 화알짝 벌린 채 눈은 질끔 감은 사람들의 얼굴이 줌인되기 시작한다. 닭 다리가 그들의 입속으로 아주 느리게 들어가고 있다⋯.

**치킨도 먹는데
못할 것도 없지**

영화나 드라마에서는 힘을 주고 싶은 장면에 '슬로 모션' 효과를 넣곤 하는데, 나는 부러운 상황을 마주할 때면 슬로 모션이 걸린다.

야밤에 치맥을 즐기는 사람들, 시장에서 파는 컵 닭강정을 손에 들고 긴 이쑤시개로 찍어 먹는 해맑은 초딩들, 초복, 중복, 말복에 삼계탕을 한 그릇씩 뚝딱 하는 사람들을 마주할 때면 그들의 행동이 느려지고 세상이 멈춰버리는 듯한 느낌, 그리고 나만 다른 것 같은 이질감을 느낀다.

'저들은 어떻게 아무 죄책감도 없이 음식을 맘껏 먹고 즐기면서 행복해할 수 있을까? 대체 나는 전생에 얼마나 못된 사람이었길래 먹을 것이 풍부하다 못해 차고 넘치는 이 시대 치킨의 나라에서 치킨을 못 먹는 형벌을 받고 있는 것일까?'

가끔, 늦은 밤 내가 좋아하는 사람들과 시시콜콜한 일상 얘기를 나누고 치킨의 바삭한 튀김 껍질을 씹을 때 느껴지는 오감을 만끽하며 시원하게 웃어보고 싶다. 이런 일상이 허상처럼 느껴진지 오래다.

'나도 제발 좀 편하게 살고 싶다…'

그렇다.

이 글은 치킨 한조각 때문에 시작 된 글이다. 치킨 한 조각 마음 편히 먹지 못하는 내가 찌찔해 보여 답답한 마음에 충동적으로 시작했다.

처음엔 단순히 '살'의 문제라고 생각해 가볍게 접근했던 것도 사실이다. 하지만 점점 파고들수록 '살'은 '삶'이 되었다. 예상하지 못한 전개에 나 스스로도 많이 놀랐다. 그리고 그 놀란 마음을 진정시키지도 못한 채 어쩌다보니 100일간의 감정들을 이 책에 그대로 담게 되었다.

미리 스포하자면, 이 스토리는 '마주하기'를 내내 반복하다 결국 '마주하기'로 끝난다. 이것 역시 예상하지 못한 흐름이었다.

이 책의 마지막까지도 나는 '해결했다'와 '방법'은 적지 않았다. 아니, 적지 못했다. 여전히 결과를 말하기엔 나는 우당탕탕인 일상이고, 이 글을 읽는 누군가에게, '나는 이런 결과를 얻었습니다' 라는 말보다 '나는 이런 말도 안되는 감정들을 느꼈습니다' 라고 생생한 감정을 내보인 과정을 낱낱이 보여주고 싶었다.

내 속을 깊게 파고들어 보는 것과 그 과정에서 별의별 감정을 느끼는 것도 지극히 인간적이며 괜찮은 일이라는 것을 느껴주길 바라는 마음뿐이다.

**치킨도 먹는데
못할 것도 없지**

이 글을 읽을 때 무조건! 먹어주면 좋겠다. '열린 마음'을 말이다. 단편 영화 속 캐릭터 '장우연'이라는 인물의 감정 흐름을 엿본다는 느낌으로 이 글을 즐겨 달라는 말을 태연하게 해내고 싶지만… 실은 매우 떨린다.

평가 없이, 이야기를 그저 흘러가듯 봐주셨으면 하는 바람이다. 내 속을 훤하게 내보이는 것 같아 불안한 마음에 서론이 유독 길어진다.

이제 밑밥 깔기는 여기서 멈추고 얘기를 진짜로 시작하겠습니다….

많이 긴장되나 봅니다. 갑자기 존댓말을 쓰고 싶네요.
제대로 인사드립니다.
즐거운 시간이 되기를 바랍니다.

장우연 올림.

장우연이라는 인물이 음식에 대한 강박에서 벗어나기 위해,
사실은 마지막 다이어트를 위해,
상담선생님을 찾아간 첫날부터 이야기는 시작됩니다.

PART 1

민낯

SCENE #1   **살 빼고 싶어서 왔지만
몸무게는 공개하기 싫어요**

'몸무게에 민감하다니까요? 숫자를 보면 제가 미쳐버릴 것 같다고요. 이런 고민으로 오는 사람 많이 봤을 거 아니에요. 근데 감히 나한테 몸무게를 재라니요? 숫자는 중요하지 않다면서요. 근데 왜 숫자를 확인하려고 해요, 굳이?'

"몸무게 먼저 재 볼게요."라는 한마디에 목 끝까지 저 말들이 차올랐지만 결국 뱉지는 못했다. 내가 주인인 내 세상 속에서 '몸무게'란 절대적 금기어라는 걸 아실 리 없으니까.

다행히 입구멍 쪽은 잘 막아내서 처음 보는 사람에게 저 말들을 내뱉는 참사가 일어나지 않았지만, 눈구멍은 막을 수가 없었다. 말보다 더 무서운 나의 날 선 눈빛은 내가 지금 당신에게 얼마나 적개심이 드는지 가감 없이 표현하고 있었다.

속으로 '기분이 태도가 되면 안 된다'는 말을 되뇌며 감정을 최대한 뺀 다음 툭 하고 내뱉은 한마디.

"재고 싶지 않아요."

치킨도 먹는데
못할 것도 없지

이렇게 단호하게 거부 의사를 표현하는 건 나에겐 극히 드문 일이다. 이 차갑고 냉정한 말투는 위협을 받고 있다는 본능적인 신호를 받을 때만 나온다. 이럴 때 보이는 내 서늘함은 나조차 놀랄 정도로 낯설다. 내가 이렇게 말할 수 있는 사람이었다고?

그저 할 일을 하셨을 뿐인 간호사 님만 괜히 나의 날 선 감정을 느끼셔야 했다. 그분은 내 거부 의사를 받아들이셨다. 잠시 수화기를 들어 짧은 통화를 나누신 후, 선생님이 계시는 상담실 안으로 나를 안내했다. 나는 불쾌감과 경계심이 한데 어우러진 극도의 불안 상태였다. 그 마음을 들키지 않기 위해 최대한 차분하게 선생님 앞에 앉았다.

차분해 보이려고 애쓰는 나와 달리, 선생님은 진짜 차분하게 말씀하셨다.

"우연 씨의 지금 상태를 알기 위해서는 몸무게를 재야 합니다."

선생님과의 첫 번째 눈 마주침. 선생님은 내 눈빛 하나하나를 놓치지 않으시는 듯했고 나 또한 선생님의 눈을 피하지 않았다. 엉망인 내 상태를 직접 눈으로 확인하는 것이 아주 가혹한 일이란 걸, 그리고 그 순간을 미친 듯이 피하고 싶어 하는 상태라는 걸 말하지 않아도 알아주시길 바랐다. 나는 그렇게 눈빛으로 선생님께 신호를 보내고 있었다. 마치 모스부호를 보내듯.

잠시 정적이 흘렀고, 난 이내 본능적으로 알아차렸다. 거부해도 더는 먹히지 않는다는 걸, 그리고 발버둥칠수록 더 괴로워진다는 것을.

'용기를 내보자'고 과감히 결단내리진 못했다. 그 대신 '포기하자'고 마음먹었다. 나는 순식간에 순한 양이 되어 고개를 끄덕였다. 그리고는 상담실 밖으로 나와 순순히 체중계 위에 내 몸을 내던졌다.

발끝, 발목, 무릎, 허벅지, 엉덩이, 허리, 손, 가슴, 목, 얼굴, 그리고 머리 끝까지 느껴지는 잔 떨림을 버티며 간신히 체중계 위에 섰다.

164.5

57

순간 멍해졌다. 나도 모르게 실소가 터졌다.
'이런 걸 웃프다고 하는구나.'

할 말을 잃었다. 나는 몇 달 전만 해도 미친 듯이 돈을 들여 다이어트를 해놓고선 결국 요요를 겪고 만 의지박약의 한심한 인간이다. 그 사실을 정면으로 마주하자 온몸의 힘이 쑥 빠져 나가는 느낌이었다. 내 영혼이 나한테 너무 질려서 '더는 너와 한 몸으로 살고 싶지 않다'며 몸을 버리고 도망가는 것만 같았다. '살고 싶지 않다….' 싶은 마음이 들 때쯤.

"들어가실까요?"

조금 전 나의 날 선 눈빛을 그대로 받아내야 했던 간호사 님이었다. 그분의 손에 이끌려 나는 다시 상담실 안으로 들어갔다. 간호사 님이 옆에서 나를 안내해주지 않았다면 그 자리에서 주저앉거나 바로 집으로 도망갔을지도 모른다.

오 분 전과 똑같은 자리지만, 모든 게 달라졌다. 이제 더는 숨길 게 없었다. 벌거벗은 듯한 느낌이 든다. 선생님 앞에 앉아 난 한없이 약한 존재가 되었다.

딸깍, 딸깍.

선생님은 화면을 들여다보며 마우스를 클릭했다. 방금 업데이트된 나의 몸무게를 확인하시는 게 분명하다. 나는 선생님의 표정을 관찰했다.

'저 앞에 앉아있는 30대 중반의 여자는 직업이… '배우'? 전혀 그렇게 보이지 않는데. 얼굴도 평범하고, 그렇다고 몸매가 좋은 것 같지도 않은데… 심지어 자기 몸도 하나 관리 못 하나 보네.' 하고 생각하고 계신 건 아닐까. 머리가 깨질 것 같았다.

하지만 선생님은 평온 그 자체, 아무렇지도 않아 보였다. 담담하다 못해 어떤 감정도 느끼지 않으시는 것처럼 보였다. 이리저리 날뛰던 나의 감정이 선생님의 무던함에 묻혀 차분해지려고 하면 또 '저 사람은 내 몸무게를 아는 사람이다'라는 생각이 들기 시작했다. 쉽사리 마음이 놓이지 않았.

그렇게 한참을 혼자 안절부절못하고 있을 때,
선생님이 던진 한 마디.
"우연 씨, 함께 해봐요."
함께… with… 함께… with….

0.000001초도 안 되는 찰나 내 발끝에 있던 수분들이 눈까지 솟구쳐 올라와 미끄럼틀을 타려고 대기하기 시작했다. 아직 출발 신호가 떨어지기도 전에 이미 지들 마음대로 출발해 버린 눈물들.

'전 그냥 살을 빼고 싶어서 왔을 뿐인데요… 살만 빼면….'
하고 말해야 하는데 주책 맞게 끊임없이 나오는 눈물 때문에 아무 말도 할 수 없었다. 어떻게든 진정해 보려고 옆에 놓여있는 크리넥스 두 장을 뽑아 눈 밑에 갖다 댔지만, 재빠르게 눈물을 흡수해버리느라 접착력이 생긴 휴지는 눈 밑에 찰싹 붙어 눈물을 더 부각시켰다. 웃프다.

'함께'라는 말이 내 눈물 트리거일 줄이야. 그동안 내게 '함께'라는 말을 해 주는 사람이 없었던 걸까?

마주하기 힘든 무언가는 누구에게나 분명히 존재할 거다. 그건 사람일 수도, 시간일 수도, 물건일 수도, 추억일 수도 있다. 지금 나에게 그 무언가란 체중계에 표시된 숫자다. '숫자는 숫자일 뿐이야'라고 말하고 싶지만 그럴 수 없어서 여기까지 왔다.

인정하고 싶지 않은 마음도 한 쪽에 여전히 남아있다. 하지만 어떠한 문제든 내가 제대로 마주하지 않으면 언제든 다시 돌아오기 마련이니까, 나는 좀 비겁한 방법을 쓰기로 했다. 혼자서 마주할 용기가 없으니 일단 누군가의 도움을 받아보기로 한 거다.

'함께'해 주신다니 그 제안 기꺼이 받아들이겠습니다.
감사합니다.

"내일 또 와요."
See you tmr.

실수로

은근슬쩍

나도 모르게

최대한 타격 없이

누구에 의해

강제로

마주하기, 직면하기

　너무 무섭다면 이렇게라도 해 보자. 그럼 잠깐이라도 누군가의 탓을 할 수 있게 된다. 그리고 가끔은 탓을 할 수 있는 누군가가 있다는 게 위안이 되기도 한다. 그런 사람을 찾을 힘만 우선 길러보자.

함께해,
마주해 보기.
못할 것도 없잖아.

치킨도 먹는데
못할 것도 없지

SCENE #2   **해골 사진 감상: Born to be, Bone**

두 번째 만남. 선생님은 내가 자리에 앉자마자 모니터에 해골 사진을 띄워 주셨다. 어제 집에 가기 전 정체 모를 큰 기계들 앞에 서서 사진을 찍었는데, 이게 그 결과물인가 보다.

"얼굴이 작고 팔다리가 기네."

전혀 예상하지 못한 말이었다. TV 속 연예인들을 보며 중얼거리던 말을 내가 듣게 될 줄이야.

"여기 보이는 게 지방들. 하체 쪽에 자리를 잡은 거지."

선생님께서 너무 대수롭지 않게 말씀하셔서, 평소라면 '지방', '하체'라는 단어에 민감하게 반응했을 나였음에도 이상토록 편안하게 해골 사진을 볼 수 있었다.

"이게 제 해골인 거죠?"

"응."

태어나 처음으로 내 몸 전체의 골격근과 지방의 위치를 확인했다. 제삼자의 눈으로, 벌거벗은 형체 너머의 무언가를 보게 되었다. 사진은 직관적이다 못해 적나라했다.

타고난 것과 만들어진 것을 동시에 마주하는 진귀한 경험이다.

난 늘 타고난 것이 불만이었다. 어릴 때는 태어나기를 못나게 태어났다며 부모님을 원망하기도 했다. 외모에 대한 자신감은 당연히 바닥이었다. 무쌍에다가 하비인 탓에, TV에 나오는 눈 크고 빼빼 마른 다리를 가진 연예인들을 특히 부러워했다. 그렇듯 알지도 못하는 사람들과 나를 비교하며 무언가 깎아내릴 것이 없나 하고 자비라고는 찾아볼 수 없는 태도로 스스로를 평가해 왔다. 그러나 오늘은 달랐다. 나는 모니터 속 묵묵하게 서 있는 해골을 차분하고 편안하게 바라보았다. 마치 전시회에 온 듯한 태도로, 머리부터 발끝까지 세심하게 해골을 감상했다. 사진은 신기하게도 묘하게 끌리는 데가 있었고, 어딘가 울림을 주었다.

그리고 드디어 입을 열어 감상평을 내뱉었다.

"타고난 게 나쁘지 않네요. 전 제가 타고나기를 '하비'인 줄 알았어요."

두 문장은 평소에는 절대 찾아볼 수 없는 자기만족, 그리고 약간의 우월감을 내포하고 있었다. 이런 말을 하는 내 자신이 낯설었지만, 한편으론 사실에 근거해 으스댈 수 있어 좋았다.

선생님은 처음과 다르지 않은 표정으로 나를 계속 바라보셨다. 나는 선생님과의 짧은 눈 마주침 후 다시 해골 사진으로 눈을 돌렸다. 그리고 조금 전까지의 으스대던 태도는 온데간데없이, 늘 그랬던 습관적 자책과 반성 모드로 순식간에 돌아왔다.

그동안 내가 내 몸에 호되게 굴어왔던 순간들이 주마등처럼 스쳐 지나갔다. 비겁한 책임 전가, 소위 피해자 코스프레를 하다가 들통 난 기분이었다.

반면 그 순간 내 몸은 30년 만에 억울한 누명을 벗었다.

"몸이 주인을 잘못 만난 거였네요…."

씁쓸했다. 결국, 모든 게 내 탓이었다. 좋은 재료를 가졌지만 요리에 실패한 어리석은 인간. 나는 그 뼈아픈 사실을 받아들이려고 애썼다.

"선생님, 이제 뭘 해야 할까요?"

"훈련."

내가 제삼자의 눈으로 나를 바라본 사건.
마지막으로 나를 있는 그대로 바라본 게 언제였더라?
어떠한 평가도 없이 그저 바라보기.

치킨도 먹는데
못할 것도 없지

SCENE #3 훈련은 운동선수나 하는 거 아닌가요?

운동선수도 아닌 제가 훈련이라뇨? 훈련 이름도 어이가 없다. '꼴리는 대로 하기' 훈련.

대신 조건이 있다. 오늘 딱 하루만 하기. 더 하려고 생각하지 말라고 하셨다. 그러니까 이건 그냥 오늘 딱 하루만 해보는 훈련이다. 그렇다면 해볼 만 하겠다 싶었다. 의지박약인 나는 일주일이라는 짧은 시간 동안에도 '작심삼일'이라는 말을 기어코 떠올리기 때문이다.

"매일매일 하라고 하면 힘들겠지만, 오늘 하루만 하는 건데 그걸 못하겠어?"

선생님은 말을 툭 던진다. 그런데 항상 맞는 말만 던지신다. 가끔은 그래서 얄밉기도 하다.

"잘하려고도 하지 마. 훈련인데 잘하고 말고가 어딨어."

내 해골 사진을 보고 난 후부터 선생님이 나를 더 세심하게 꿰뚫어보시는 것 같은 기분이 든다. 난 잘해야 한다는 강박증

이 있다. '잘한다'의 기준을 수치화해 생각하는 건 아니다. 짐작해보건대 주변으로부터 칭찬을 받을 정도를 나는 잘하는 수준이라 생각하는 것 같다. 바꿔 말하면 그 수준을 알기 위해 남 눈치를 엄청나게 본다는 소리다. 내가 아닌 남이 볼 때 잘한다고 느끼는, 난 알 수 없는 기준. 선생님은 나의 고쳐지지 않는 이런 지독한 성질을 아셨는지 "잘하지 마!"를 여러 번 강조하셨다.

"그냥 해보라는 거네요?"

"그래, 그냥 해봐. 오늘은 꼴리는 대로 먹어."

"네?"

이상한 선생님이다. 먹고 싶은 걸 다 먹으라는 건 살 빼고 싶은 사람한테 있어선 고통이다.

"먹으면 살찔까 봐 불안한데요…."

"그런 거 생각하지 말고 그냥 해보라니까. 훈련이잖아. 대신 오늘 하루 먹다가 불안한 마음이 들어오면 그 감정은 나한테 던져버리고 우연은 그냥 먹고 싶은 거 먹기만 해."

'함께 하자'라는 말의 의미를 알았다. 효율적으로 일을 배분한다. 난 행동만 하고 나머지는 선생님한테 던져 버리기.

"꼴리는 대로 하고 와."

See you tmr.

작심삼일도 필요없다.

오늘 하루만 하는 훈련이다.
훈련은 절대 잘할 필요가 없다.
그냥 하는 거다.

PART 2

디깅:
조금씩 파고듦

SCENE #4　꼴리는 대로

'꼴리는 대로 먹으라고?'

그래, 난 지금 치킨이 꼴린다. 상담실을 나온 순간 가장 먼저 떠오른 음식은 치킨. 닭가슴살 말고, 황금빛 튀김 옷을 잘 갖추어 입은 그런 치킨. 그 위에 달콤하고 짭조름한 붉은색 양념 옷을 겹쳐 입은 양념치킨도. 이래도 되나 싶어 1초 망설였지만 일단 주문 버튼을 눌렀다. 양념 반 후라이드 반으로.

그리고 집에 들어가기 전 편의점에 들렀다. 평소에 편의점에 가면 내가 가는 코너는 늘 정해져 있었다. 감동란이 있는 냉장고, 그리고 견과류 코너다. 과자가 있는 곳을 지날 때는 시선을 주지도 않고 다른 생각을 하며 잽싸게 지나쳤다. 유혹을 이기지 못하면 후폭풍이 올 것을 너무나도 잘 알기 때문이다. 이건 담배를 끊고서 다시는 담배를 쳐다보지도 않으려는 흡연자의 심정과도 같을 것이다. 나한테 과자는 담배와도 같은 것이기에.

하지만 오늘은 호랑이 굴에 들어가는 날이다. 나는 편의점 문을 열자마자 바로 과자 섹션으로 돌진한 후, 고민도 하지 않고 군옥수수맛 꼬깔콘 세 봉지를 집어 계산대로 돌진했다. 낯선 행동의 연속이다. 양념 반 후라이드 반 치킨을 주문해 놓고 과자 세 봉지를 손에 든 대낮의 나.

내가 과자를 사는 사건은 술을 먹고 난 후 약간 알딸딸한 상태가 되어 이성이 마비되어 있을 때만 일어난다. 그래서인지 맨정신에 과자를 사는 게 너무 어색하고 낯설다. 그리고 왜인지 모르게 죄지은 사람마냥 편의점 직원의 눈을 마주칠 수 없었다. '과자를 혼자 세 봉지나 사다니, 저걸 다 먹겠다고?' 하고 생각할 것 같았다. 나는 도둑처럼 잽싸게 과자 세 봉지를 집어들고 편의점 밖으로 나왔다. 사람들은 나에게 관심이 없다는 말을 난 인정하는 바이다. 그렇지만 가끔은 내 세상 속에 있는 다른 사람들은 내게 관심이 있을 것 같다는 이상한 자아도취적인 생각에 빠지곤 한다.

과자 세 봉지를 안고 있는 지금 나의 마음은 '불안하다', 하지만 '개 설렌다'.

양가적인 감정을 고스란히 느끼며 집으로 들어오자마자 테이블 위에 꼬깔콘 세 봉지를 내려놓았다. 테이블이 이렇게 꽉 차다니. 과자 앞에 앉아 봉지를 탁 뜯자마자 봉지 뒤에 쓰여 있는 글이 눈에 들어왔다. 꼬깔콘을 맛있게 즐기는 법. 손가락에 끼워서 먹어보란다. 그런데 이걸 실제로 해보는 사람이 있다. 바로 말 잘 듣는 아이인 나. 손가락에 꼬깔콘을 끼워보니 재밌는 촉감이 느껴졌다. '괜히 추천하는 게 아니구나' 하고 생각하곤 과자를 입으로 넣었다. 입안은 이미 준비가 완료된 상태였다. 진작에 마중 나와 있는 혀에 과자가 닿자마자 윗니 아랫니가 톱니바퀴가 맞물리듯 서로 가까워지고 그 사이로 들어간 꼬깔콘은 잘게 부숴진다. 과자가 으스러지는 소리는 생각보다 명료했고 거기서 오는 잔 떨림은 내 턱뼈에 고스란히 전달되었다. 하이라이트는 이다음이다. 고소하면서 약간 짭조름한 맛이 '띵' 하고 뇌리에 박힌다. 근데 그 순간이 너무 짧아서 아쉽다. 그 쾌락을 다시 느끼기 위해서 본능적으로 나의 손이 부지런해진다. 과자를 더 빠르고 잽싸게 입 앞에 줄 세워 놓은 후, '띵'의 순간이 '페이드아웃' 되는 타이밍에 바로 또 넣어 준다. 난 온몸과 마음을 다해 꼬깔콘 한 봉지를 먹어치우는 무아지경 상태에 돌입했다.

꼬깔콘 한 봉지가 온데간데없이 사라지고 두 번째 과자 봉지를 뜯어 먹고 있을 때쯤이었다. '띵동'. 환상의 타이밍이다. 꼬깔콘에게는 미안한 말이지만, 나는 이미 과자가 주는 띵함에 조금은 익숙해지고 있었다. 그쯤 오늘의 진짜 주인공인 '치킨'

이 도착한 거다. 잽싸게 치킨을 마중하러 뛰쳐나갔다. 맞다. 난 이렇게 치킨을 열렬히 사랑했다. 지금도 사랑하고, 앞으로도 그럴 계획이다.

치킨 봉지를 들고 집 안으로 들어오는 나는 이미 흥분의 도가니에 빠져 있었다. 테이블 중앙에 놓여 있던 과자 봉지를 옆으로 밀어 버리고 정중앙에 치킨을 모셨다. 봉지 끝을 하나씩 풀 마음의 여유가 없었다. 양쪽 끝을 잡고 있는 힘껏 당겨 봉투를 찢은 후 종이 상자의 뚜껑을 올리자 양념 반 후라이드 반 치킨을 마주할 수 있었다.

진귀한 풍경이다. 대낮에 혼자 집에서 치킨을 시킨다는 건 나에겐 있을 수 없는 일이었다.

'야! 이래도 되는 거야? 너 미쳤냐?'

내 안에 사는 또 다른 나의 목소리가 순간 나를 멈칫하게 만들었다. 불안이란 감정이 나를 덮치려고 각을 재고 있는 느낌이 들었지만, 그에 반발해 나의 또 다른 목소리가 뛰쳐나왔다. 좀 더 본능에 가까운 목소리였다.

'오늘은 훈련 중, 꼴리는 대로 먹기 훈련 중.'

일단 먹기로 했다…

가 아니라 이미 내 입에는 양념이 묻어 있다. 입술이 반지르르해졌다. 치킨의 양념과 튀김 그리고 살코기의 조화를 얼마만에 느끼는지 모르겠다. 감격스럽다. 맛있다. 맨날 다이어트 한답시고 퍽퍽한 닭가슴살만 먹다 부드러운 닭다리살을 먹고 있자니 괜스레 대우받는 느낌이 들었다.

연신 감탄사를 퍼부으며 무아지경으로 먹기 시작했다. 바삭함이 주는 재미와 만족감 때문에 나는 배가 부르다는 신호를 무시하고 입으로 치킨을 끊임없이 집어넣었다. 종이 상자 안에 닭 뼈만 남은 상태를 처음으로 마주하게 됐다. 그제야 내가 닭 한 마리와 과자를 먹어치웠다는 사실을 실감했다. 배가 터질 거 같다는 느낌이 이제야 들었다. 그리고 몇 분 전 나를 공격할 각을 재고 있던 불안이 다시 스르르 내 앞에 나타났다.

- 미쳤다. 진짜 미쳤다. 아무리 먹으라고 했다고 꼴리는 대로 먹으라고 했다고 이걸 다 먹는 사람이 어딨냐. 이건 맛을 느끼면서 먹는 게 아니고 눈이 뒤집혀서 먹는 거잖아. 미쳤어. 진짜 미쳤어. 배가 터질 것 같아. 불편하고 불쾌하고 짜증 나.

나를 몰아붙이는 말들을 그대로 선생님께 적어 보냈다. 이런다고 부정적인 감정이 사라지는 건 아니지만, 적어도 '이 감정을 느끼게 된 건 당신이 시킨 대로 했기 때문이에요' 라고 누군가를 탓할 수 있어서 아주 조금은 편했다.

하지만 배부름이 가시기 전까지 불쾌감에 휩싸여서 괴로운 시간을 보내야 하는 건 결국 나다.

그저 이 시간이 빨리 지나가기를 기다릴 수밖에.
다시 치킨이 미워지려 한다.

치킨을 먹으면 기분이 좋아져야 하는데
왜 난 기분이 나빠지는 걸까.

치킨도 먹는데
못할 것도 없지

난 꼴리는 대로 살려면 훈련이 필요한 사람이다.
인간의 가장 기본 욕구인 먹는 욕구에서마저도.

꼴리는 대로 먹지 못하고 산 지 꽤 오래되었다.
꼴리는 대로 먹었다간 돼지가 될 게 분명하니까.
그럼 큰일 나니까.
…

근데 무슨 큰일?

SCENE #5　　**진부한데 은근히 위로 되는 말,
오늘만 살아**

　아침에 일어나자마자 마주한 손가락. 후랑크 소시지 10개가 손에 달려있는 것 같았다. 소시지 손가락. 이렇게나 손이 땡땡 부은 건 처음 본다. 무아지경으로 꼴리는 대로 먹어서 그렇다.
　"소시지 손가락 너무 보기 싫어요."
　"소시지 손가락이 뭐 어때서? 괜찮은데?"
　선생님에겐 기본 표정과 말투가 있다. 모든 것이 대수롭지 않으신 듯 아니면 자기 손가락이 아니라고 그냥 말하듯 '툭' 던지신다. 선생님께 말씀드리진 않았지만, 여전히 얄밉다.

　"오늘만 소시지 손가락으로 살아 봐."
　"오늘만요?"
　"어차피 오늘만 사는 건데, 뭐."

**치킨도 먹는데
못할 것도 없지**

그렇다. 싫어도 어쩔 수 없는 부분이다. 손가락이 소시지든 몸뚱어리가 땡땡 부었든 변하지 않는 사실은 오늘을 이렇게 살아야 한다는 거다. 선생님을 만나기 전엔 내 몸이 부어있다고 불만과 불안을 털어놓고 싶었지만, '오늘만'이라는 말을 들으니 나도 모르게 '넵'이라고만 대답하게 된다.

"오늘은 뭘 하고 싶어?"
"네?"
"오늘도 오늘만 살아. 참지 말고 꼴리는 대로 살다 와."

*

삶과 죽음, 바늘과 실, 치킨과 맥주, 삼겹살과 소주.
그리고
배우와 백수.

오늘 나는 뭘 하고 싶을까… 뭘 하고 지내야 할까….

이 고민을 할 수 있는 나는 배우의 뒷면, 아니 앞면인 '백수'다. '꼴리는 대로 해'라는 말을 듣자 하고 싶은 게 뭔지 모른다는 걸 깨달았다. 당황스러웠다. 어쩌면 나는 하고 싶은 걸 하고 살아도 될지까지 눈치를 보는 그런 상태인 듯하다. 이러한 감정이 자기 비난적인 생각으로 발전해 가득 차지 않도록 억지로라도 연기 훈련을 한다. 오늘은 진짜 가기 싫은 날이었지만, 그래도 가야 한다. 이렇게라도 하지 않으면 너무 불안할 것 같으니까.

'꼴리는 대로' 마인드를 적용하니 연기 훈련을 하면서도 눈치를 덜 보게 되는 효과가 있는 것 같다. 그렇다고 연기를 그다지 잘하는 것 같지는 않지만. 뒤따른 감정을 잽싸게 묻어버린 후 오늘의 연기 훈련을 마치고 집으로 돌아왔다. 그리고 연습하며 찍은 영상을 보았다.

실수로 보고 말았다.
돼지를 보고 말았다.
'와 진짜… 아니, 무슨 돼지가 있네.'

너무 당황스러웠다. 연기하는 동안에는 몰랐던 모습이다. 영상 속 내 모습이 너무 창피했다. '저런 푸짐한 애가 저런 표정을 짓고 있다니, 참 못났다.' 내 모든 것이 마음에 안 든다. 이런 자책과 비난 섞인 생각과 감정이 머릿속에 가득 차기 시작하면 마음이 급속도로 허해진다.

치킨도 먹는데
못할 것도 없지

"아냐, 오늘 재밌었다. 괜찮다."

습관적인 텅 빈 위로. 말이 주는 힘이 있다길래 의식적으로 힘주어 뱉어 보았지만, 괜히 뱉었다는 마음만 들고 더 초라해지기만 했다.

속이 쓰릴 정도로 갑자기 허해졌다.

속을 채워줄 수 있는 빵이 먹고 싶다. 과자가 먹고 싶다. 닭강정도 먹고 싶다. 기승전 '먹기'.

'참지 말고 꼴리는 대로.'

선생님의 말이 떠올랐다. 난 당장 지갑을 들고 나왔다. 목적지는 편의점. 편의점에 가득 찬 과자와 음식을 보면 예전엔 가질 수 없고 먹을 수 없는 것이라 괴로웠지만 지금은 다르다. 편의점에 있는 모든 것을 다 먹을 수 있다. 망설임 없이 빵과 초코 쿠키, 프링글스, 모나카 아이스크림, 샤인머스캣을 샀다.

이 모든 음식을 다 먹을 것이다.
왜냐하면 난 지금 꼴리는 대로 훈련 중이니까.

마음의 허기 채우기 = 밑 빠진 독에 물 붓기

욕구를 억제만 하고
충족시켜주지 않는다면 느끼게 되는
텅 빈 공허

**치킨도 먹는데
못할 것도 없지**

SCENE #6 　　**잘 되면 내 탓 안 되면 남 탓**

와… 이젠 가만히 있는 갑상선을 건드리니…
그건 진짜 아니다. 비겁한 선택이야.
원래 마주하지 못하면 점점 비겁해져.
지금 하는 행동처럼 말이야.

'갑상선에 문제가 생기면 살이 찌나요?'

소시지 손가락으로 열심히 타이핑 중.

잘 자고 일어나서는 땡땡 불어있는 소시지 손가락을 보고 갑자기 화가 치밀어 올라 분노의 검색질을 하고 있는 내가 이젠 경이롭기까지 하다.

야식 먹기. 전에는 늘 어떻게든 참아냈지만 어제는 '꼴리는 대로 해!'를 연신 외치며 그냥 저질러 버렸다. 그리고 그로 말미암은 참담한 결과를 인정하지 못하고 저항하는 중이다.

튀어나온 배와 양쪽 허벅지 살들이 맞닿는 감촉, 그리고 옆구리의 튜브 살이 부풀어 오른 느낌이 매우 불쾌하고 불편하다. 몸에 지방이 쌓일수록 나에 대한 혐오감과 증오심이 함께 쌓인다.

살이 쪘다고 인정하기 어렵고 괴로우니 나는 나를 아픈 사람 취급하기 시작한다. 오늘 내게 잘못 걸린 부위는 갑상선이다. 갑상선 기능 저하증이 오면 사람이 매우 예민해지고 급격하게 살이 찐다는 얘기를 얼핏 들은 적이 있다. 그건 지금 내가 겪고 있는 증상과 정확히 일치한다.

꼴리는 대로 훈련을 하다가 아주 우연히, 운이 좋게 내가 갑상선에 문제가 있다는 것을 알게 된다. 내 의지의 문제라기보단 갑상선 기능 저하증 탓에 살이 찌는 걸 피할 수 없었던 것이다. 아프니까.

이것이야말로 아주 완벽한 셀프 가스라이팅 시나리오다.

사람은 자기가 보고 싶은 대로 보고 듣고 싶은 대로 듣고 생각하고 싶은 대로 생각한다.

나는 야식을 먹어서 땡땡 부었고, 많이 먹어서 배가 나왔다는 단순한 사실을 눈앞에 두고도 모른 척하고 있다. 피할 수 없으니 갑상선에게라도 도움을 요청해보는 나 자신.

비겁하다 비겁해.
대단하다 대단해.
쪽팔린다.

치킨도 먹는데
못할 것도 없지

기본 욕구

생명을 유지하고 종족을 보존하는 데에 꼭 필요한 선천적이고 생리적인 욕구.

먹고 마시고 잠자고 배설하는 일 따위의 욕구.

식욕은 기본 중의 기본이야.

하지만 나에겐 무조건 참아야만 하는 욕구가 식욕이야.

SCENE #7　　**그럴 것 같다는 거지 그런 건 아니었어**

　오늘만 산 지 벌써 열두 번째. 삶이 굉장히 단순해졌다. 꼴리는 대로 살았고, 꼴리는 대로 먹었다.

　다이어트라는 개념이 내 머릿속에 들어온 순간부터 마음 편히 먹었던 적이 없던 나다. 지난 십이 일 동안 마음이 편했다고 말할 순 없지만, 최소한 마음껏 먹어보기는 했다. 온갖 음식들을 시켜서 먹기도, 사 와서 먹기도, 만들어서 먹기도 했다. 나가서 먹진 않았다. 아직까진 사람들 앞에서 음식을 먹는 게 불편하다. 먹고 나면 자괴감 그리고 그 뒤를 이어 따라온 습관적 자책에 빠져 있어야 묘하게 마음이 편한 나에게 외식이란 불편한 요소를 추가하는 일이다. 게다가 남들 앞에선 신경이 쓰여서 많이 먹을 수도 없다.

　알고 있다, 나도. 내가 정말 이상하다는 거.

　많이 먹을수록 자책의 양도 많아진다. 보통은 자책하다 보면 먹기를 억지로 멈추지만 이번엔 자책하면서도 먹고 또 먹었다. 이러다 죽지 않을까 싶을 정도로 먹기만 했다. 나는 이번에 '배는 절대 터지지 않고 먹다가 죽지 않는다'는 걸 알게 되었다. 먹다 지쳐 누워있다 보면 뇌의 망각 기능이 발동해 먹어 치운 음식은 까마득히 잊고 새로운 음식이 떠오른다. 그럼 내 위는 알아서 공간을 만들고 내 손은 핸드폰을 눌러 음식을 시킨다. 나름 몸과 마음이 효율적으로 함께 일하는 중이었다. 이 모든 것을 할 수 있었던 이유는 딱 하나, 몸무게를 재지 않아도 되니까. 현실을 마주하지 않아도 되기 때문이었다.

하지만 역시나 위기는 언제나 방심할 때 찾아오는 법이다.

"오늘은 몸무게 재고 와요."

'와, 진짜… 선생님…. 저기요, 지금 저랑 뭐 하자는 거죠? 열흘이 훨씬 넘는 날 동안 마음껏 먹여 놓고 나를 체중계 위로 올리는 건 무슨 심보죠? 현실을 파악하라는 건가요? 살찐 모습을 마주하게 하시려고 그동안 끌리는 대로 먹으라고 하셨나요?'

마음속에서 이런 말들이 쉴 새 없이 터져 나왔다. 물론 그중 한 마디도 내뱉지 못했다. 한동안 입을 음식을 먹는 데에만 사용한 나머지 '말을 뱉는다'는 기능이 현저히 떨어졌나 보다. 내가 할 수 있는 건 그저 당황과 원망이 가득 담긴 눈빛으로 선생님을 잠시 쳐다보는 것뿐. 나는 오히려 순순히, 아주 쉽게, 상담실 문을 열고선 간호사 님의 안내를 계시받듯 따랐다.

간호사 님의 손끝을 따라가다 보니 첫날 나의 무게를 견뎌 주었던 체중계를 마주할 수 있었다. 사람의 기억에는 무서운 힘이 있다. 긴장감이 느껴지고 심장박동이 빨라지기 시작했다. 마주하기 싫은 현실을 또 마주해야 한다니…. 너무 싫은데…. 도망가고 싶은데….

'미안하다 중계야. 난 더 무거워졌어.

나를 탓하지는 마. 선생님을 탓해. 난 시키는 대로 했을 뿐이야.

아 젠장 오늘도… 청바지….'

내가 입고 온 청바지는 통바지다. 이 말은 스키니 바지보다 천이 더 들었고 그만큼 무게가 더 나갈 거란 소리다. 그리고 난 그동안 정말 많이 먹었다. 식비를 통해서도 그 사실을 알 수 있는데, 오늘은 심지어 쓴 돈의 대가를 숫자로 돌려받게 될 거다.

선생님이 제일 밉다. 살로 스트레스를 받는 사람에게 이런 잔인한 행동을 하시다니, 지금 이 순간이 지나면 다신 선생님을 보지 않겠어. 이런 말이 목 끝까지 차올랐지만 지금 나는 두려움으로 말하기 기능을 상실한 상태다. 살기 가득한 눈빛이 또 나왔을 거고, 간호사 님은 또 그걸 느끼셨을 거다. 수만 가지 생각이 들어왔다 나갔다를 반복한 다음 드디어 온몸을 체중계 위에 던졌다. 잠시 정적이 흐른 후 체중계 위에서 드디어 내려올 수 있었다. 나는 내려오자마자 계기판을 확인했다.

체중계가 점수판을 올리는 순간이다.

제 점수는요…
'오! 칠! 찜! 오!'

'왓? 익스큐쥬미? 뭐라고요? 엥?'
생각보다 너무 낮은 점수다. 이렇게 먹어도 되나 싶을 정도로 먹어댔는데, 얻은 점수가 고작 +500? 게다가 오늘 난 통바지를 입었다. 그렇다면 몸무게는 거의 변화가 없단 소리다. 말도 안 된다.

정신을 차리고 보니 어느새 난 다시 선생님 앞에 앉아있었다. 좀 전까지 속으로 한 못된 말들이 마음에 걸려 선생님의 눈을 마주 보기 힘들었지만, 곁눈으로 힐끔힐끔 선생님의 동태를 파악했다.

툭툭이 선생님은 기본 표정 '대수롭지 않음'을 지으신 채 마우스를 딸깍딸깍 클릭하셨다. 방금 업데이트된 나의 숫자를 확인하신 게 분명했다.

"어때?"

"…"

"큰일 안 났지?"

"어이없게도요…."

10년 넘게 굳게 믿어온 사실이 사실이 아니라 거짓이었다는 걸 확인하니 황당할 수밖에 없었다. 나는 적어도 5킬로는 쪘을 거라고 예상하고 있었다. 거울 속 내 모습이 두 배 이상 불어 보였고 허벅지도 엉덩이도 뱃살도 부피가 너무 커져서 옷이 다 안 맞는다고 느꼈는데….

"오늘도 꼴리는 대로 살아. 그리고 오늘의 우연은 충분해."

"…"

멍.

아까 속으로 못된 말 해서 죄송해요, 선생님….

내일 또 올게요.

See you tmr.

**치킨도 먹는데
못할 것도 없지**

내게 부족한 게 없다는 건 알아.
그렇지만 내가 충분하다고 훌륭하다고 믿어지지는 않아.

그래서 충분하지 않는 내가 사람을 만나는 게 어려운 거야.
충분하지 않은 상태에서 누군가를 만난다는 건
너무 창피한 일이야.

그런데 오늘의 내가 충분하다는 말은…
너무 믿고 싶기도 하고
그게 제발 좀 믿어졌으면 좋겠어.

지금의 나로 충분하다.

충분의 반대말은 부족.
그렇다면 부족한 게 없음 충분한 거 아닌가?

SCENE #8　　**만나고는 싶지만 준비하다 지칠 뿐**

　사람들을 만나는 게 부담스러워진 건 꽤 오래전부터였다. 외로움을 많이 타는 성격인 내가 사람을 피하기 시작한 건 모두 다이어트 때문이었다. 사람들을 만나면 밥을 함께 먹어야 한다. 특히, 한국 사람들은 밥 약속, 술 약속, 심지어 요즘은 커피 약속까지. 약속을 잡을 때면 '밥 먹자'는 말로 운을 띄울 만큼 밥은 기본 중의 기본이다. 그런데 나에겐 그 기본이 어렵다.

1. 사람들과 밥 약속을 잡는다.
2. 음식은 살을 찌게 한다.
3. 즉 사람들을 만나면 살이 찐다.

　왜 이렇게 결론이 도출된 건지는 모르겠지만, 귀납법 추론인지 뭐시긴지를 고딩 시절 시험 볼 땐 그렇게 틀리더니 쓸데없는 곳에 적용해 버렸다. 마치 고딩 시절 교실 벽에 붙어있던

'착하게 살자' 교훈처럼 '음식은 살이다'라는 문구가 마음속 핵심 공간에 자리를 틀게 된 순간부터 나는 사람들을 만나기 위해선 먼저 큰 계획을 짜야만 했다.

여기엔 두 가지 이유가 있었다.

첫 번째, 사람들을 만날 땐 살을 뺀 모습으로 나가야 한다. 살찐 모습으로 나가면 견딜 수 없는 창피함이 몰려온다. 그런 모습을 보여주면 자기 관리를 하지 못한 인간이라고 여겨질 것 같았다. 그 누구도 나에게 못생겼다고 얘기한 적이 없는데도.

두 번째, 사람들을 만났을 땐 자연스럽게 먹어야 한다. 음식 먹는 것을 불편해하는 모습을 들켜서는 안 된다. 문제가 있다는 것을 사람들에게 절대 보이고 싶지 않다. 나의 어두운 면모는 나만 알아야 하니까.

이 두 가지 이유 때문에 나는 늘 약속 전에는 열심히 굶거나 운동을 해서 다이어트를 했다. 그럼 적어도 그 순간은 살 걱정을 아주 잠시 미뤄두고 조금은 편하게 즐길 수 있으니까. 나도 내가 이렇게 체계적인 인간이란 게 놀라우면서도 한편으론 스스로 궁금하다. 왜 이런 체계성을 '식'에만 적용한 걸까. 덕분에 무던한 사람이길 원했던 난 상당히 귀찮은 인간이 되어 버렸다. 원하는 몸무게를 만들지 못하면 약속을 취소한 적도 있었다. 만나고는 싶지만, 몸도 마음도 너무 무거워서 그 순간을 견디는 게 너무 힘들기 때문이다.

'해도 된다. 안 된다.'
이렇게 스스로 정해놓은 규율이 너무나도 많고 지키지 못하면 나 자신에게 채찍질을 한다.

늘 욕구를 억제하는 사람. 근본적인 욕망마저 억제하다보니 언제부턴가 나는 꼴리는 대로 하지 못하는 인간이 되어버렸다.

SCENE #9   **자아도 취함**

 그런데 오늘 계획에도 없는 약속을 잡아버렸다. 오 칠 오 몸뚱어리를 들고 친구 수연이를 만나기로 했다. 그것도 망원동 술집에서 말이다. 우리는 20대 유학시절에 만났다. 난 지금도 철이 없지만 유학 시절에는 무모한 짓을 저지를 에너지가 넘쳐 흘렀고 그건 수연이도 마찬가지였다. 술만 해도 그렇다. 지금은 공식적으로 소주 세 잔 반이 주량인 '알쓰'이지만 수연이는 주당이라 보일 만큼 술을 잘 먹었던 내 모습을 보고 겪은 유일한 산증인이다. 그리고 지금의 소주 세 잔 반 주량을 믿지 못하는 유일한 사람이기도 하다. 수연이를 내가 특별하게 생각하는 이유는 아무래도 주당이었던 시절 20대 미네소타라는 정거장에서만 잠깐 만나고 헤어진 사이가 아니라 함께 시간의 흐름에 따른 변화를 겪고 있는 사이이기 때문이다. 내 많은 모습을 알고 받아들여 주는 그런 친구가 바로 수연이다.
 하지만 지금은 나에게 가까운 사이일수록 거리를 두고 싶은 시기다. 나조차 벅찬 어두운 에너지가 나와 가까운 이들에게 전해져 혹시나 날 버겁게 느낄까 두렵기도 하고, 내 못난 모습을 들킬까봐 불안하기도 해서이다.

수연이와의 약속 시간이 다가오자 '오늘 나는 충분하다'는 말을 수십 번 되뇌며 스스로 최면을 걸고 또 걸었다. 아쉽게도 최면이 100% 다 걸린 건 아니었다. 살이 덜 쪄 보이기 위해 올블랙 패션을 선택했으니까.

망원역에서 만나 포옹으로 그동안의 안부 인사를 대신한 우리는 근처 술집으로 향했다. 자리에 앉는 순간 '찌릿', 배 근처에서 불편함이 느껴졌다. 허리가 바지에 꽉 끼는 불편함. 작은 바지도 아닌데 이게 이렇게 날 불편하게 만들다니.

난 자칭 하비족이라 원래 상체에는 살이 잘 붙지 않는다. 하체와 상체의 경계인 허리는 항상 하체에서 올리려는 지방들을 검열하고 칼같이 거부해왔는데 지금 그 허리 부분이 낀다. 아랫배에 지방이 붙을 정도로 살이 쪘다는 소리다. 500그램의 살이 여기에 붙은 걸까. 너무 슬퍼진다. 역시 오늘은 나오지 않는 게 좋았는데 괜히 나와서 이런 고통을…….

'탁'.

이 소리가 아니었다면 하마터면 수연이를 앞에 두고 또 혼자만의 자책 동굴에 깊게 빠질 뻔했다. 직원분은 와인과 음식을 테이블에 세팅해 주었다. 다행히 수연이에게로 다시 포커스가 맞춰졌다. 수연이는 텐션이 높고 밝고 당찬 친구다. 그리고 와인을 좋아해서 혼자 2병도 거뜬히 마시는 친구기도 하다. '짠' 하고 유리가 부딪치는 영롱한 소리가 매우 낯설다는 건 술을 오랫동안 마시지 않았다는 뜻이다. 와인 한 모금을 꿀꺽 마신 후, 파스타를 돌돌 말아 경건하게 한 숟가락 입에 넣었다. 오물오물 씹어 파스타 면을 느껴본다.

맛있다. 역시 밀가루의 맛.

순간 배의 긴장이 풀렸다. 너무 낯선 자극이다. 밀가루는 살찌는 음식으로서 내 세상에선 금지 품목으로 분류됐기에 이 또한 술에 취해 이성이 마비되지 않는 한 먹지 못하는 음식이었다. 하지만 그 음식을 먹고 술까지 마시며 지금 나는 젊은이들의 거리 망리단길에 위치한 술집에서 분위기를 내고 있다. 창밖에 지나가는 사람들이 우리를 쳐다본다. 물론 가게의 분위기를 보다 우연히 눈이 마주친 거겠지만 괜히 으스대고 싶었다.

"너 오늘 너무 예뻐."

수연이의 멘트가 갑자기 훅 들어온다. 수연이는 오늘 처음 나를 만났을 때 옷과 얼굴을 유심히 관찰하는 듯했다. 그때 사실 난 내 몸뚱어리의 무게를 눈치챘을 거라 생각했다. 그래서 수연이가 툭 던진 이 멘트는 나를 너무 놀라게 했고, 나도 모르게 입에서

"나 오 칠 오 야." 뱉어 버렸다.

도대체 왜 이럴까. 오늘이 소개팅 날이 아닌 게 천만다행이다.

"내 몸뚱어리 무게야."
수연이는 내가 무슨 얘기를 하는지 바로 이해했다.
역시 똑똑한 친구다.
"그렇게 보이지도 않을뿐더러 너 오늘 너무 분위기 있어."
나도 모르게 눈구멍에서 눈물이 나올 뻔했다.
"진짜?"
"응! 너 오늘 완전 분위기 있어. 그래서 아까 역에서 만났을 때부터 봤어!"

가장 못났다고 생각하는 몸뚱어리를 가지고 사는 나에게 예쁘다고 해주는 친구의 말. 혼란스럽다. 수연이의 말을 의심

하고 싶지 않았다. 다른 친구라든가 처음 본 사람이 하는 말이라면 난 절대 믿지 않았을 것이다. 분명 나를 놀리는 거라 생각했을 텐데, 수연이의 말은 '내가 도대체 왜 이렇게 힘들게 살아야 하는 건지' 질문을 던지게 했다.

술에 취한 건지 아님 분위기에 취한 건지 순간 '나 좀 충분해?'라는 생각이 아주 살짝 들어오려 했다. 바로 그 순간 '정말일까?' 하는 말이 올라와 또다시 그 생각들을 검열하기 시작했지만… 희망적이다.

그리고 그때, "나 화장실 좀." 수연이가 일어났다. 수연이가 잠시 화장실을 간 사이 유리에 비친 내 모습을 마주했다.

'하이.'
'나 좀 충분해.'
'자아도취라는 걸 나도 해볼까?
오칠오인데 이 정도면, 사팔이 되면 어떻다는 거야?
미치겠네 정말.'

와인 한 잔 반과 밀가루를 섭취한 상태다. 취한 게 분명하다. 바지 버클을 풀고 그 위를 셔츠로 잘 가려준다. '안심해라… 나만 아는 사실이야….' 마침내 상하체의 막혀 있던 통로

가 뚫렸고, 드디어 편안해졌다.

'오늘은 버클을 잠그지 못할 정도로 허리에 지방이 붙은 상태로 살자. 어차피 오늘만 사는 건데, 뭐. 그리고 오늘 이렇게 충분한데.'

이게 바로 훈련의 효과인가? 요즘 가끔 내가 입 밖으로 내뱉는 주문 같은 문장들이 진짜 느껴지는 순간이 생겼다. 신기하다.

- 신기하네요 선생님.
- 지금은 매우 충분히 기분이 좋다.
 오칠오 몸뚱어리 무게만큼 충분하게 좋다.

이 순간을 박제하기 위해 처음으로 좋은 감정을 적었다.
보내기 완료.

이런 감정이 사라지지 않았으면 좋겠다.

**치킨도 먹는데
못할 것도 없지**

SCENE #10　　**취중 진담 후에 마주한 현실**

번쩍 눈이 떠졌다. 벌떡 일어나 소파에 앉았다.

내 몸에 밴 습관 중 하나는 무슨 일이 있어도 7시 반에 눈이 떠진다는 것. 누군가는 부지런하다며 부러워하는 이 기상 능력은 그냥 모든 걸 다 잊고 자 버리고 싶은 내겐 고문이기도 하다. 게다가 술 먹고 나면 더 일찍 눈이 떠진다. 그건 고통의 시간을 더 빨리 겪게 된다는 뜻이다.

꼴리는 대로 먹고 꼴리는 대로 마신 다음 날의 최후,

'소시지 손가락.'

'너 좀 예쁘다'에 취해 진짜 취해 버렸다. 그리고 아침에 일어나 소시지 손가락을 보며 또다시 분노하기 시작했다. 어제의 그 마음은 온데간데없었다.

"선생님… 저 기분이 너무 안 좋아요. 이런 모습이 어떻게 충분하게 느껴질 수 있죠? 어떻게 해야 제 모습이 괜찮아 보일 수 있죠?"

"우연. 몸을 바꾸는 데에는 시간이 조금 걸려. 몸이 알아서 하게 내버려 둬. 그런데 마음은 우연이 바로 바꿀 수 있어."

See you tmr.

숙취,
가장 자연스러운 상태가 되는 과정.

이때 뭘 하려 하면 더 힘들어져.
단지 자연스럽게 회복될 시간이 필요할 뿐.

한번은 숙취에 좋다는 약을 만 원이나 주고 약국에서 사 먹었어.
먹고 나서 바로 토해 버렸어. 그렇다고 나아지지도 않더라.
하루 종일 울렁거려 죽는 줄 알았어.
그냥 집에서 어제의 나를 원망하다가 결국 지쳐서
포기하고 잠만 잤어.

그리고 일어났어.
다시 살아났어.

**치킨도 먹는데
못할 것도 없지**

PART 3

Let It Be

SCENE #11 **진짜 내버려 두는 건
가장 어려운 사랑법이다**

'내버려 두라고요? 알아서 하게 그냥 내버려 두라고요?'

이 말 어디서 많이 들어봤다. 바로 우리 엄마 아빠. 엄마 아빠는 오빠와 나를 키울 때 그냥 내버려 두는 방목형 방식을 택했다.

나와 오빠는 잘 컸다. 공부도 열심히 하고 친구와도 사이좋게 지내는 평범한 아이들로 자랐다. 내 입으로 말하자니 민망하지만, 지금 내가 겪는 문제와는 별개로 이 정도면 우리 부모님은 우리를 잘 키워 내셨다고 말할 수 있을 것 같다. 공부하지 않는다고 혼이 난다거나, 반드시 1등을 해야 한다며 강한 압박을 받았던 기억이 없다. 물론 잘못은 따끔히 훈육하셨지만, 아무 이유 없이 무언가를 강요한다거나 부모라는 이유로 무조건적인 통제를 하시지는 않았다.

고등학교 시절, 나는 유학을 가고 싶다고 말씀드렸다. 처음엔 부모님도 반대하셨다. 경험해 본 생활이 아니고 정보도 없었던 터라 알아보는 시간이 필요하셨던 것 같다. 하지만 '꼭 가고 싶습니다!'는 나의 간곡한 부탁의 탈을 쓴 생떼를 결국 받아들이셨다. 보내기로 결정하신 이후에는 반드시 필요한 만큼의 학비와 생활비를 (학비와 생활비를 합치면 결국 유학비 전체가 된다는 사실을 알고 있어서 지금도 부모님께 매우 감사합니다) 적극 지원해주셨고, 그 외 학교나 생활에 관련된 부분을 선택하고 적응하는 과정 모두는 나에게 전부 맡기셨다.

내가 처음 출국하는 날, 출국장 앞에서 엄마는 누가 보면 자식을 전쟁에 떠나 보내는 것처럼 보일 만큼 오열하셨다. 모두가 걱정할 정도였다. 그 옆에서 엄마를 부축하던, 사실은 우리 집에서 가장 눈물이 많은 우리 아빠는 엄마의 오열 퍼포먼스에 당황하신 나머지 눈물을 흘리지는 못하고 그렁그렁한 눈으로 나를 보셨다.

관심이 없어서 내버려둔 게 아니었다. 선택을 믿어준 거였다. 스스로 선택하고 경험하기를 바라는 마음으로 부모님은 불안이 밀려들 때 믿음을 더 크게 키우셨던 거다.

진짜로 내버려 두기로 함. 믿기로 함.
하지만 나는 내 몸을 내버려두지 않기로 함. 믿지 않기로 함.
부모님의 믿음을 자양분 삼아 자란 난 놀랍게도 전혀 그러지 못하고 있다.

이 사실이 나를 괴롭힌다.

어느 순간부터 난 내 몸에 대한 관리 방법을 통제형으로 바꾸었다. 모든 것들을 내가 관리하고 통제하는 것. 다시 말해 난 내 몸을 절대 믿지 못한다.

몸과 마음이 원활하게 소통되지 않아 서로 관계가 틀어진 지는 이미 오래다. 오랫동안 내 몸과 함께 살았지만 나조차 내 몸이 무엇을 원하는지 정확히 모르겠다.

'함께' 라는 말이 가장 어울리지 않는 나와 내 몸이다.

내가 원하는 대로 내 몸이 먼저 바뀌어주지 않는다면 나는 내 몸이 원하는 것이 무엇인지 들어 줄 마음이 눈꼽만큼도 없다.

'나는 내 몸을, 내 몸은 나를 싫어한다.'
이 와중에 다행인 건, 이 마음은 쌍방이다.
우리는 가까운 듯 머어어어어어어어어어언 사이다.

내 몸과 나의 관계와는 정반대로 소파와 나는 아주 가까운 사이다. 소파와 나는 거의 한몸이다. 3년 전 고민 끝에 이케아에서 구매한 네이비 색 소파. 이 소파를 집에 들인 이후부터 나의 하루는 소파에서 시작되고 마무리된다.

오늘도 어김없이 난 소파에 누워 있다. 눈을 뜰까 말까 고민할 정도로 정신은 이미 또렷하다. 지금이 오전 일곱 시 반일 거란 사실도 내심 알고 있다. 하지만 오늘은 모른 척 더 자고 싶은 기분이 들어 눈을 뜨지 않고 버티고 있었다. 잠의 신이 다시 한번 내 몸에 들어올 수 있도록 기다려 보았지만 그 신은 떠나갔다.

할 수 없이 번쩍 눈을 떴다.

그리고 또 할 수 없이 벌떡 일어나 앉았다.

정말 할 수 없이.

"굿 모닝."

"후…."

나의 의사와는 별개로 새로운 하루는 이미 시작되었다.

단 세 발자국이면 다다를 수 있는 주방 싱크대 위에 놓인 2리터 페트병을 들어 3분의 1 정도 남아있던 물을 단숨에 들이켰다. 밤새 메말랐던 목구멍을 따라 물이 위까지 다다른다. 어제 밤늦게까지 입에 과자를 꿀리는 대로 먹은 탓에 남은 텁텁한 흔적들이 함께 쓸려 내려가는 기분이다. 손에 남은 빈 페트병을 발밑에 내려놓고 발로 우지끈 밟아 공기를 빼 버린다. 배

가 납작해지면 좋겠다는 소망을 담아 홀쭉하게 밟아 버린 페트병을 분리수거통에 넣으려는데,
'엇.'

얇게 찌부된 페트병 하나 들어갈 공간도 없이 가득가득 찬 분리수거통을 마주하게 되었다.
"어휴."
그리고 그 순간 분리수거통 바로 옆 가득 찬 쓰레기통 그리고 그 옆 씻기지 않은 그릇과 컵들이 차있는 싱크대 그 뒤로 보이는 널브러져 있는 옷들로 가득한 옷 방, 옷 방 문에 걸려있는 먼지 낀 거울. 거울 밑에 보이는 내 머리카락들. 그리고… 그리고… 그리고…….

한순간 집 안 전체가 눈에 들어왔다. 집안 곳곳 정리되지 않은 물건들이 한 번에 인지되는 순간 마신 물에 씻겨 내려갔다 생각했던 음식들이 속 안에서 꿀렁거리다 못해 내 속을 일렁이게 만들었다.

멀미가 난다. 심기는 이미 건드려졌다.
'툭.' 발로 최대한 무례하게 분리수거통을 건드린다. 괜한 심통인 듯 보이지만 할 수 없이 일어나 하루를 시작한 내 기분

을 건드린 죄다.

'아, 진짜 다 버려 버리고 싶다. 눈앞에 보이는 모든 걸 다 사라지게 할 수 있는 능력이 있으면 좋겠다. 그러다 실수로 나도 같이 사라지면 더 좋고.'

항상 생각의 꼬리물기는 나를 괴롭히는 것으로 마무리된다.

"정리하자."
"싫어."

몸과 마음의 불일치가 또 시작됐다.

'싫어 병'에 걸린 무거운 몸뚱어리로 뭘 할 수 있을까. 정말 마음에 들래야 들지 않는다. '이렇게 비협조적이라면 나도 널 좋게 볼 수가 없어.' 하고 으름장을 놓아 보지만, 이제 이런 협박에는 털끝만큼도 겁먹지 않는 내 몸뚱어리는 무거운 무게를 이용해 파업에 돌입한다.

지금 내 몸은 옷 방에 마구 널브러져 있는 옷들과 함께 뒤섞여 있다. 옷더미에 누워 천장을 보며, 끝까지 입만은 나불거려 본다.

"너희를 죄다 사라지게 할 거야."

SCENE #12   속마음을 알아주길 바라지만
정리되지 않은 속을 보이고 싶진 않아

"정리가 안 돼요. 집안 상태가 엉망이에요."
"꼭 정리해야 해?"
"지저분하잖아요."
"그러니까, 꼭 정리해야 하냐고. 정리하고 싶어?"
"지금은… 아니요."

잠시 정적.

"근데 오후에 도시가스 점검하러 오는데, 그래도…."
"알 게 뭐야. 더 어지럽혀 봐."

할 말을 잃게 하는 선생님의 단호함. 어지럽히지 않는다고 혼나는 건 태어나서 처음이다. 선생님의 상담실은 늘 정리가

치킨도 먹는데
못할 것도 없지

잘 되어 있다. 여전히 얄미운 선생님이지만 그래서 선생님이 더 좋다.

선생님의 주특기 '할래 말래' 공격을 무차별적으로 받고 나면 머릿속이 단순해진다. 어쩌다 보니 혼나는 게 일상이 된 것 같기도 하지만, 사실 선생님의 공격은 꽤 효과적이다. 특히 머릿속이 온갖 생각으로 가득 찬 데다 입만 열면 사기꾼처럼 말을 번지르르하게 잘하는, 바로 나 같은 사람에게는 말이다.

가끔은 나조차 내가 하는 말들을 듣고 소름이 끼칠 때가 있다. 그럴 때면 내 입 밖으로 나온 말을 다시 들으면서 나르시시즘에 빠져 나 자신의 말하는 모습을 제삼자의 시선으로 감상하곤 한다. 이럴 때면 남들에게 '말 잘한다'는 인상을 주고 순간의 호감을 얻을 수 있지만, 동시에 내 겉껍질은 더 두꺼워진다. 나르시시즘에 빠지는 중독적인 시간이 길어지면 길어질수록 나조차 내 속내를 알기 어려워진다.

선생님과의 대화는 짧지만 강력하다. 핵심 대 핵심. 그렇게 핵심만 말할 때면 내 말 중 단 1%만이 진짜 속내이고 나머지는 다 가식이라는 걸 느낀다.

"정리하지 마. 내버려두거나 버려."
'알지만….'

이건 속마음. 내뱉진 않았다.

"내일, 올래 말래?"
"올게요."

생각을 정리할 게 아니라 그 생각을 버려야 한다.

난 정리를 잘한다거나 깨끗한 사람은 아니다. 내가 정리도 잘하고 깔끔할 거라 생각하는 친구들이 더러 있는데, 실은 내 가식에 속은 것이다. 가끔은 두렵다. 이들이 우리 집에 오게 된다면, 혹은 내가 '나 혼자 산다' 같은 프로그램에 나가게 된다면… 으, 생각만 해도 끔찍하다. 지금 이 상태를 보여주면 사람들은 경악하겠지. 내가 아직 별로 유명하지 않은 게 천만다행이다. 웃프네.

더 웃픈 사실은 내가 늘 정리에 대한 압박을 느끼는 이유가 1년에 고작 한두 번 올까 말까 한 방문객 때문이라는 거다. 또다시 시작되는 '만약에' 게임. 만약에, 엄마나 아빠가, 혹은 친구들이 연락도 없이 집 앞에 찾아와 벨을 누른다면 그다음 나의 행동은? 양심에 찔리기는 하지만 아마 집에 없는 척을 할 것이다.

그런 일이 정말 일어나면 어쩌지. 상상만 해도 두렵다. 강도나 도둑이 집에 들어와 내 생명을 위협하는 상황만큼, 아니, 실은 그보다도 더 괴롭다. 엉망인 집에 누군가가 들어온다는 건 서서히 고문을 받는 것과 같은 격. 죽을 것 같지만 절대 죽지 않아 계속해서 고문을 받아야 하는 그런 기분. 약간의 수치심과 함께.

나와 아무 친분 없는 사람들, 예를 들면 내가 요청한 서비스를 제공하기 위해 오시는 분들의 방문마저도 신경 쓰이니 말 다 했다. '날 알지 못하는 사람들이니까 마스크 쓰고 딱 10분만 버티면 된다'고 나를 다독이고 사람들을 들이기는 하지만 이마저도 어렵다.

집은 내 속내를 눈에 보이게 한다. 집의 상태를 보면 나도 가끔 내 상태를 직관적으로 알아차릴 수 있다.

집의 물건들이 여기저기 어지럽혀져 있는 상태, 머리가 매우 복잡한 상태. 버려야 할 쓰레기들과 잡동사니들이 집 안에 쌓이고 있는 상태, 속에 쌓인 것이 많은 상태. 다 먹은 음료의 컵을 집으로 가지고 들어오는 상태, 쓸데없는 부담을 느끼고 있는 상태.

이 상태는 오로지 나만 알고 나만 봐야 한다. 보여주고 싶지도 들키고 싶지도 않다, 그 누구에게라도. 스쳐 지나갈 타인에게도 그리고 나를 잘 아는 사람들에게는 더더욱.

지금 나는 정리 말고 버림이 필요한 상태다.

쌓인 쓰레기를 제때 버리지 않으면 냄새가 나기 시작한다.
그리고 그 냄새가 구석구석 밴다.
집은 쓰레기를 갖다 버리고 환기하면 그만이지만
속에 있는 건 도대체 어떻게 버려야 할까?

내 속에 있는 쓰레기 더미는 이미 썩기 시작해서
썩은 내가 새어 나온 지 오래 되었지만
너무 지저분해 건드릴 엄두도 안 난다.

그 위를 무언가로 덮어 보아도 자꾸 쌓이기만 할 뿐,
냄새는 계속 새어나온다.

게다가 썩은 부위는 점점 더 넓어지는 듯한 느낌.

버리고 싶다.
다 버려 버리고 싶다.

그게 쉬우면 내가 이러고 있겠냐마는….

**치킨도 먹는데
못할 것도 없지**

운전해 집에 돌아오는 길, 마음이 바뀌었다.

선생님의 '알게 뭐야'라는 반응에 방어적으로 나온 나의 태도 '그러게요. 알게 뭐에요. 어차피 한번 보고 말 건데요. 기억도 못 할 건데요'. 선생님의 '대수롭지 않은 듯한' 기본 태도를 따라하고 싶었을 뿐이다. 나도 대수롭지 않은 척하면서 얘기했지만, 역시 척은 척이다.

선생님, 전 아직 '알게 뭐야'가 안 되는 것 같아요. 도시가스 점검을 위해서 기꺼이 우리 집에 와주시는 분께 좋은 작업환경을 내어 드리는 게 맞는 거 아닐까요? 하고 문자를 보내려 했지만 운전 중이라 보낼 수 없었다.

이것마저도 변명인 걸 나도 안다. 난 마지막까지, 아무도 신경 쓰지 않는데도 진짜 이유를 가리기 위해서 혼자 비겁한 변명을 늘어놓고 있다.

처음 보는 사람들의 눈이 신경 쓰인다.
누가 우리 집에 들어오는 게 불편하다.
'왠지 모르게 평가를 받을 것 같다.'

이게 진짜 속마음이다. 내가 가진 상상력은 아직 일어나지 않은 상황을 시뮬레이션할 때 그 능력치가 최고조에 이른다.

도시가스 점검을 하기 위해선 다용도실에 들어가야 한다. 다용도실은 옷 방 끝에 있으니 옷 방을 무조건 지나야 한다. 그리고 옷 방을 지난다는 건 장애물을 지나야 한다는 뜻이다. 지금 상태라면 점검을 나온 분은 본의 아니게 까치발 신세를 면하지 못할 것이다. 바닥에 널브러져 있는 옷들을 밟지 않으려 애쓰셔야 할 거고, 만에 하나 옷을 조금이라도 밟게 된다면 나도 그분도 내 옷도 서로 불편한 상황에 놓인다. 그 순간 그분의 얼굴엔 당혹스러운 표정이 떠오를 테고 난 찰나의 순간을 놓치지 않고 그 속마음을 읽어내고야 말 것이다.

'젊은 분이 정리를 참 안 하고 사시네.'

아마도 선생님은 '그렇게 생각할지 안 할지 어떻게 알아?'라고 말씀하실 거다. 그렇지만 그분의 진짜 속내는 내겐 중요하지 않다. 그냥 나에겐 그렇게 들린다는 사실, 그리고 힘겹게 까치발을 든 그분의 뒤꿈치를 보는 것만으로도 충분히 괴로우니까.

그래서…

'할래, 말래?'

'할래.'

**치킨도 먹는데
못할 것도 없지**

이유가 어찌 됐든 전 할래요. 청소를요.

집으로 들어오자마자 손을 씻고 소매를 팔꿈치까지 걷어붙였다. '하지 마'는 묘하게 반항심을 일으켜 오히려 청개구리 심보를 발동시키는 황당한 말이다. 뭐가 됐든 좋다. 이것도 에너지다. 오랜만에 무언가를 좀 해보려는 에너지가 올라왔다. 나에겐 기쁜 일이다. 미뤄왔던 일을 해보자. 손에 묻은 물기를 바싹 말린 후 손가락의 관절을 꺾는다. 수영 전 몸에 물을 묻혀 신호를 보내주듯 손에게 '이제 움직여야 할 때'라는 메시지를 보낸다. 일시적 휴전상태였던 몸에게 화해의 손길을 내밀어 본다. '두두둑', '뚝뚝'. 다소 거친 방식이긴 하지만 짜릿하고 통쾌하다. 다행히 몸도 그 말에 동의하는 바다.

매일 나와 기 싸움을 하던 옷 방이다. 옷 방 입장에서도 참을 만큼 참았을 거다. 가끔 옷들이 방문 사이로 비집고 나와 있는 걸 보면서, 옷 방도 한계에 다다랐다고 느끼고 있었다. 과자를 내 위에 들이밀다 보면 어느 순간 헛구역질이 날 것 같은 상태가 된다. 옷 방과 나는 동병상련 처지다. 한 가지 차이가 있다면, 옷 방은 그 무엇도 스스로 버릴 수 없다. 그저 나의 손길을 애타게 기다릴 뿐.

남은 시간은 2시간. 2시간 동안만 에너지를 끌어올릴 생각이다. 먼저 바닥에 있는 옷들을 분류하기 시작했다. 일단 바지

하나. 그리고 또 바지 하나. 그리고 또 또 바지 하나⋯ 바지⋯ 바지⋯ 티셔츠⋯. 그러나 또 바지. 바지. 바지. 바지. 그리고 또 바지. 바지. 티셔츠. 바지.

 난 바지가 많다. 많아도 너무 많다. 하지만 늘 입는 바지는 정해져 있다. 바닥에 널브러져 있는 바지들은 내가 입고 나서 벗어 놓은 바지가 아니라 애초에 나의 선택을 받지 못한, 내가 원하는 바를 충족시켜주지 못한 바지들이다.
 바지가 간택 받기 위해 필요한 요건.

1. 내 몸에 맞아야 한다.
2. 날 날씬하게 보이게 해야 한다.
3. 날 뚱뚱해 보이게 하면 안 된다.
4. 내 마음을 편하게 만들어야 한다.

 거창하게 말했지만 '내가 예뻐 보여야 한다'로 정리할 수 있다. 바지 탓이라기보단 내 다리 탓이겠지만, 어쨌든 이 아이들은 그런 이유로 버림받은 것이다. 아침부터 바지를 입었을 때 기분을 상하게 했으니까. 근데 왜 갖다 버리지 못하는 걸까? 난 또 왜 이 바지들을 고이 접어 선반 위에 올려두는 걸까?

**치킨도 먹는데
못할 것도 없지**

바지가 문제가 아니라 내 몸이 문제라는 사실을 안다.

그건 희망적이면서 동시에 고문적이다.

'내 몸이 변한다면' 이 바지들을 다 입을 수 있다.

하지만 지금 현재 이 바지들은 나에게 괴로움을 준다.

"정리가 아니라 버려."

선생님이 툭 하고 던진 말은 이럴 때 툭 하고 튀어나온다. 순간 욱해져 바지들을 접다 말고 냅다 문밖에 던져 버렸다.

'버리자.'

휙, 휙, 휙.

바닥에 있던 바지들 대부분을 옷 방 밖으로 내던졌다. 방바닥이 눈에 보이기 시작했다. 이 정도면 도시가스 점검을 하러 나오신 분께 적어도 까치발을 요구하진 않아도 될 것 같다. 그리고선 밖으로 내던져진 바지들을 대용량 봉투에 죄다 쓸어담았다. 생각 없이 하는 행동, 그게 정답일 때가 많다.

가속의 법칙을 느낀다. 난 멈추지 않고 그 봉투들을 들고 집 밖으로 나왔다. 엘리베이터 앞에 서자 망설일 새도 없이 바로 엘리베이터 문이 열렸다. 내 몸의 무게에 바지의 무게가 더해지는 바람에 엘리베이터에서 탑승 거부를 외치면 어쩌나 걱정했지만, 이게 괜한 걱정이라는 것도 알고 있다.

후…. 숨을 한번 내쉰 후 마주한 거울에 비친 나와 대용량 봉투. 그 안에 가득 담긴 바지들. 대용량 봉투의 크기가 순간 눈에 들어왔다. 조금 과장해 정말 내 몸만 했다. 이 옷을 다 버린다고 생각하니 순간 이 옷을 살 때 썼던 돈들이 생각났다. 그리 여유가 있는 것도 아니면서 돈은 아주 펑펑 썼구나, 하고 자신을 비난하기 시작할 때쯤.

1층이다. 다행이다. 자칫하면 돈이 아까워서 다시 이 아이들을 집에 들일 뻔했다.

건물 밖으로 나오자 떠나온 옷 방이 떠올랐다. 옷 방은 지금 어떤 마음일까? 난 생각보다 괜찮은 것 같은데… 옷 방도 그럴까?

아쉽게도 이 바지들은 내 몸에 걸쳐져 세상 밖으로 나오진 못했다. 유감스러운 일이지만, 이 아이들을 보내주는 것이 나에게도 이 아이들에게도 더 나은 선택이다. 바지들은 역할을 다할 기회를 다시 얻어 쓰임이 있는 바지가 될 것이고 나는 여유 있는 옷 방을 얻게 되는 거니까.

파란 통에 봉투를 탈탈 털어 바지를 집어넣었다. 터질 것처럼 빵빵했던 대용량 봉투가 홀쭉해지다 못해 공기마저 쏙 빠져서 정말 가벼워졌다. 어떤 무게도 느껴지지 않는 가벼움. 바람이 휙 불자 봉투가 가볍게 펄럭인다. 하마터면 놓칠 뻔했다.

아직 끝나지 않았다. 나는 옷 방으로 달려간다. 탄력을 받은 나는 오랜만에 몸의 움직임을 느낀다. 최고의 집중력과 행동력이 솟구친다. 나와 내 몸이 오랜만에 환상의 팀워크를 보여주고 있다. 내친김에 청소기로 바닥도 한번 밀었다. 그리고 분리수거도 해버렸다. 설거지는 아직… 거기까진 못 하겠고. 일단 버리고 싶은 것들을 다 밖에 내다 놓는 데에는 성공했다.

약속된 시간이 되었다.

땡동.

"도시가스 점검입니다."

잽싸게 마스크를 쓴 후 문을 열어 드렸다.

"안녕하세요."

신발을 벗자마자 바로 옷 방으로 향하시는 걸 보니 집들의 구조를 잘 아시는 분이다. 도시가스 점검을 받는다기보단 우리 집 청소상태를 점검받는 것 같은 기분이었다. 하지만 그분은 축지법을 쓰듯 금세 다용도실에 도달해 계셨다. 다행히 까치발도 들지 않으셨다.

나는 옷 방 쪽 문과 가까운 주방 싱크대에 서서 괜스레 이것저것 건드려 본다. 그리고 슬쩍슬쩍 곁눈질로 다용도실을 체크

한다. 잔뜩 널브러져 있던 옷들을 모두 버리고 나니 옷 방이 꽤 넓어 보였다.

"끝났습니다." 라는 말과 함께 그분은 태블릿 속 점검표에 '이상 무'라고 체크하시며 옷 방을 나오셨다. 다시 한번 확인했다. 까치발을 들지 않으셨다.

그리고 나에게 태블릿을 건네주시며 사인을 요구했다.

쓱쓱쓱… 자신 있게 사인을 했다. 그분은 퇴장하셨다.
끝.

10분도 걸리지 않았다.
문제를 들키지 않은 느낌이 든다.
숨기기 성공.

*

깨끗해진 방바닥을 보니 기분이 좋았다. 옷 방이 이렇게 넓어지다니. 새로운 집에 놀러 온 것 같기도 하고 여유가 생긴 것도 같은 기분이다. 이 기분에 도취되어 '혹시 나도 미니멀라이프를 할 수 있는 인간이지 않을까' 하는 희망을 품고 옷 방을 더

**치킨도 먹는데
못할 것도 없지**

정리해보기로 했다.

행거에 걸려있는 셔츠들은 1년 넘게 입지 않은 옷들이 대부분이었지만 혹시나 촬영 때 의상으로 필요할까 싶은 걱정에 버리지 못하고 있었다. 취향도 아닌 옷을 가지고 있다 보니 옷장을 볼수록 내 취향이 헷갈렸다. 과감히 버리기로 결정.

내가 버리는 걸 이렇게 잘할 줄이야. 아주 가끔 에너지가 좋을 때 나오는 나의 결단력에는 나도 놀란다. 셔츠도, 티셔츠도, 외투까지 싹 다 방 밖으로 퇴출한 다음 대용량 봉투에 담아 집 밖으로 가져 나와 통에 옮기는 작업까지, 모두 일사천리로 끝내 버렸다.

집으로 돌아와서 옷 방을 보니 속이 시원했다. 오랜만에 불타오른 행동력에 난 스스로 칭찬을 아끼지 않았다. 이런 기분이 오래가길 바라면서 선생님께 카톡을 보냈다.

- 버렸어요. 정리가 아니라 버렸어요.
- 훗.

자아도취의 콧방귀와 함께.

그리고 한 번 더 '훗'. 나의 세 시간 전 행동에 콧방귀를 뀌듯 스멀스멀 올라온다. 불안이라는 녀석이. 버려서 생긴 오랜만의 여유 공간으로 스며든 걸까?

틈만 생기면 내 불안은 그 틈을 비집고 들어오려고 한다. 내 기분 좋음에는 항상 유통기한이 있다. 우울은 내가 기분 좋은 걸 가만 내버려두지 않는다.

**치킨도 먹는데
못할 것도 없지**

불안이라는 녀석은
호시탐탐 기회를 엿보다가
나와 내 마음의 거리가 멀어졌을 때
기가 막히게 그 틈을 비집고 들어온다.

그리고 어이없게, 지가 뭐라고,
내 마음의 주인 행세를 하려 한다.

이 불안함을 나가떨어지게 하는 방법은
남을 찾는 게 아니다.

나와 나의 거리를 좁혀서
우리 관계는 감히 너 따위가 끼어들 곳이 아니라는 걸
느끼게 해주면 된다.
불안함을 불안하고 외롭고 초라하게 만드는 것이다.

불안함이란 녀석에게
틈을 주지 말자.

PART 4

고통, 통하다

SCENE #13 **중2병에 걸린 사춘기 몸 vs
통제병에 걸린 갱년기 의식**

그냥 내버려 둬.

                내버려 두면 네가 엇나갈 게 뻔해.

기다려 줘.

                지금까지 기다려 줬어.

내가 할 수 있게, 잠시만.

                네가 뭘 할 수 있는데.

무시하지 마.

                너나 무시하지 마.

한번만이라도 내가 할 수 있게 내버려 둬.

        내가 하고 싶은 걸 존중해 줘.

      도움이 필요했을 뿐이야.

내가 태어나고 싶어서 태어났냐고,

그냥 난 존재할 뿐인데 그게 괴로울 뿐인데,

왜 너마저 날 괴롭히는 건데.

네 눈엔 내가 늘 부족하잖아.

내가 어떻게 하든 네 눈엔 다 마음에 안 들잖아.

...

배고프다

먹고싶다

허기진다

너한테 보내는 신호야

        힘들다.

        지쳤다.

      사랑받고 싶다.

                  내말이 그 말이야.

잘 지내보지 않을래?

치킨도 먹는데
못할 것도 없지

SCENE #14　**편안이 오면 난 불편해져**

위 잉 ……………………… . . 뜨 득 …………… .
잉　　………………………………………　　　．
ㅌ . . 득 ………………………………………
………………………………. 이잉………….

냉장고의 모터 소리, 그리고 가구들의 관절 꺾는 소리가 선명하게 귀에 꽂힌다. 새벽 5시, 적막한 분위기 속에서 갑자기 눈이 번쩍 떠졌다.

만약 내가 여기서 조금이라도 움직인다면 나를 감싼 소파의 휴식시간을 방해할 것만 같아 눈만 뜬 채 숨조차 조용히 쉬고 있다. 꿀렁꿀렁, 마치 배 위에서 하룻밤 자는 것 같다. 언제 뒤집어질지 모르는 거 아닌가 싶은 싸한 느낌이 든다. 심장이 쿵쾅거리고 불안감이 엄습해 온다.

늘 이렇다, 나는 늘 이래. 난 잠깐의 편안함도 즐기지 못하는 병을 앓고 있다.

바로 거안사위 (병).

위잉……. 위잉… 위잉…. 우이잉이이이이이이잉………………………

　기억하기론 어릴 적 들리던 냉장고 소리는 조금 더 거칠었다. 갑자기 초등학교 시절을 보낸 집이 머릿속에 떠오른다. 진한 갈색 나무 벽의 오래된 가정집, 그리고 주방에 들어서면 나이 든 냉장고를 가장 먼저 마주할 수 있었다. 냉장고 뒤편엔 유리가 깔린 상판을 두꺼운 다리로 버티고 서 있는 4인용 식탁이 있었다. 식탁을 둘러싸고 있던 4개의, 쿠션 부분이 많이 해졌지만 엠보싱만큼은 좋았던 의자들. 누가 지정해 준 것도 아니지만, 식구들에겐 암묵적으로 자기 자리가 정해져 있었다. 그 중, 벽면에서 가장 멀리 떨어져 있어 벽에 걸린 아빠의 가게 이름이 박혀 있는 선물용 달력이 가장 잘 보이는 자리가 나의 고정석이었다.

　그 달력에는 아빠의 필체로 '거안사위. 편안할 때 위기를 생각하라.'고 적혀 있었다.

　글씨체를 보면 적어도 그 순간 그 사람이 어떤 마음이었는지 느낄 수 있다. 아빠가 적어놓은 사자성어의 뜻도 뜻이었지만, 나에게 가장 와 닿았던 건 유난히 크고 야무지게 찍혀있는 마침표, '쩜(.)'이었다.

아빠는 당시 30대였다. 작은 가게를 운영하며 사업을 키워 나가던 한 집안의 가장에게 '거안사위'는 마음에 각인 된 네 글자였던 거 같다. 아빠는 매일 아침밥을 드시면서 마음을 다잡고 싶으셨던 거다. 그 의지가 '쩜'에 다 담겨 있었다. 그 '쩜'은 마침표이지만 마치 시작점 같기도 했다. 매일 매일, 흔들림 속에서 중심을 잡으려는 아빠의 의지가 난 좋았다. 편안함 속에 위기를 생각 해보는 마음은 오히려 신중함과 여유를 느끼게 했다. 명당에 앉아 '거안사위'와 '쩜'에 담긴 아빠의 다짐을 무려 2년 동안 아침과 함께 곱씹는 건 나에게 편안과 안정을 느끼는 게 해주는 시간이었다.

하지만 어이없게도, 아빠의 30대의 모습과는 다르게 나란 인간은 편안해질 것만 같으면 위기를 생각해서 바로 쫄리는 사람이 되었다. 나는 거안사위 다음에 (쩜)이 아니라 (병)을 붙여 버렸다.

물건을 버린 후 생긴 공간의 여유를 나는 즐길 수 없어 괜히 말꼬리를 잡아가며 가만히 있는 거안사위를 비꼬기 시작한다.

편안함 다음에는 불편함이 오는 건가?
늘 편안할 수는 없는 걸까?

편안함 다음 순서는 불편함이니까
이제 곧 불편한 시간이 오겠네?

 남들은 고요하다 말하는 새벽 시간. 고요 속에서 평안을 느낀다고 사람들은 말하지만 나에겐 내 불안한 마음의 소리의 크기와 부피가 커져서 나를 흔드는 시간이다. 고요가 아니라 폭풍전야의 느낌.

 난 왜 항상 불안에 떨어야 하는 걸까. 불과 몇시간 전 버리고 나서 여유롭다 말했던 거 같은데… 이렇게 불안할 때면 입에 뭐라도 마구 넣어 버리고 싶다. 편안해지기 위해서? 아니. 오히려 편안해지지 않도록하기 위해서이다. 배가 부르다는 느낌은 내게 있어 무엇보다 불편한 느낌이다. 하지만 아는 불편함이다. 모르는 상황으로 불편해지는 것보단 그나마 익숙한 불편함이 낫지 않을까 생각한다.

 '그래도 참아 보자, 지금은 너무 새벽이야.'
 '다시 잠들어 보자, 제발….'

치킨도 먹는데
못할 것도 없지

이미 내 마음의 공간에 들어와버린 불안 불편들.

불안에 대적할 만한 건 익숙해져서 편안한 '배부른 고통'뿐.

쇼파에서 일어나 결국 편의점에 갔다. 고요히 잠들어있던 모든 걸 깨웠다. 그렇게 과자 몇 봉지를 사먹고 나서야 배가 차는 듯했다. 무겁고 불편하다. 하지만, 물건을 버리고 나서 생긴 마음의 공간에서 느껴지는 공허함보단 이게 낫다. 그리고 나는 익숙한 불편함에 의지하며 겨우 다시 잠들었다.

그리고 몇시간 뒤, 눈만 번쩍 떴다. 더부룩한 속. 울렁거린다. 마음도 함께 요동친다.

그냥 자고 일어난 것뿐인데 우는 내가 진짜 싫다.
이런 나를 내가 책임져야 하는 걸까?
그저 나 자신이 너무 버겁게 느껴질 뿐이다.

SCENE #15 **이불을 뒤집어쓰고 펑펑 울어요**

　일어난 지 10분도 안 돼서 한숨을 두 번이나 쉬었다. 몇 시간 전의 내 모습은 사람이 아니라 흡사 좀비 같았다. 걸신들린 것처럼 음식 앞에서 미쳐버린 나. 혹시 진짜로 걸신들린 연기를 해야 하는 상황이 온다면 난 정말 잘해낼 것이다. 연기가 아니라 일상이니까.

　새벽 동안 일어난 전쟁 같은 먹부림은 조금 깨끗해졌다 싶었던 주방 상태를 최악으로 만들어 놨다. 차라리 이게 꿈이라면 얼마나 좋을까? 혹시 진짜 꿈인가? 지금도 꿈이고, 난 아직 깨지 않은 건가?

　아니다. 탁자 위에 올려진 과자 봉지들이 얼마나 가벼운지까지 다 느껴진다. 이건 현실이다.

　봉지를 집어넣으려고 쓰레기통 뚜껑을 열었다. 안에 놓인 쓰레기들과 눈이 마주쳤다. 눈을 피하려고 뚜껑을 잽싸게 닫으려는데 닫히지 않았다. 그렇게 쓰레기통 안의 쓰레기를 보고나니 무너지고 싶다는 마음이 '훅' 내 다리를 쳤고 힘을 '쭉' 풀리게 만들었다. 그리고 나는 그 자리에 그대로 주저앉았다.

눈물이 터져 나온다. 내 모습이 너무 한심하고, 증오스럽고, 이젠 무섭기까지 하다.

주르르르르륵, 눈물이 흐른다.

- 속에서 자꾸 화가 치밀어 오른다. 아ㅣ러미아ㅓ리마ㅓㅇ리머ㅏㄴ이러ㅓㅁㅇㄴ;ㅏㅣ럼;ㅣ아닐;마ㅣ어리머ㅏㄴㅇ라ㅓㅁㄴ라머니아러ㅣ마녕리머ㅏㄴㅇ리ㅓㅏㅁㄴㅇ라ㅓㅁㄴ;ㅣ아러마ㅣ;ㅇ널마
- 그리고 자꾸 슬픈건지 뭔지 눈물이 나려고해…. 왜 그러냐ㅣㅁ이ㅏ러미ㅏㅇㄴㅓ미ㅏㄴ어리마넝리마ㅓㅇ리마ㅓㄴㅇ리ㅏ머이ㅏ럼니ㅏㅓㄹ미나어리마너리마ㅓㄴ리ㅓㅏㅁㄴ;ㅣ아러ㅣㅁ나ㅓ이러ㅏ미ㅏㄴㅇ어리만어리마ㅓㅇㄹ마ㅣ넝ㄹ마이람니ㅏ러마ㅣㄴ어리ㅏㅣ마ㅓ이ㅏ러미나ㅓ리

보내기 버튼을 눌렀다.

- 눈물이 왜 나는지 모르겠어요. 슬픔? 그럼 왜 슬픈 걸까

요. 어제는 기분이 좀 좋아지는 것 같았는데 무슨 마음이 이래요? 왜 날이 섰는지도 모르겠는데요, 그냥 뭔가 자꾸 불쑥불쑥 올라와서 저를 미치게 해요. 감정인지 기억인지 그지 같은 것들 때문에 미치겠어요….

또 보내기 버튼을 눌렀다.

난 내가 가장 어렵고 버겁다. 지금은 겨우 아침 8시 반이다. 이런 나를 데리고 오늘 하루를 어떻게 살아야 할지 고민이다.

'카톡'
이 시간에 누굴까.

내 감정 쓰레기통이 처음으로 답했다.
- 이불 뒤집어쓰고 펑펑 울어요.
감정을 쓰레기처럼 털어 놓았던 카톡 창에 한마디 문장이 날아왔다.

"흐윽…"
카톡을 보자마자 소파에 있던 담요에 얼굴을 묻고 소리 내

울기 시작했다. 이마저도 인간 같지 않았다. 걸신에 이어 눈물신이 들린 걸까. 제정신이 아니지만, 일단 시키는 대로 했다.

꼴리는 대로 울어 보기. 엉망진창이 되어도 상관없다. 내가 지금 울고 있는 모습이 추하다 할지언정 괜찮다. 그래서 이불을 뒤집어쓰라고 하신 걸까? 에라, 모르겠다.

펑펑펑펑펑펑 (호흡) 펑펑펑펑펑펑 (호흡) 펑펑펑펑펑

*

울어도 배는 고프다.
오히려 더 배고프다.
눈치를 밥 말아 먹은 위… 세 끼.

한참을 울고 나니 또 배가 고팠다. 참으로 본능적인 인간.

이 와중에 배가 고픈 건 너무하지 않냐? 눈치가 없어도 너무 없다. 이럴 땐 입맛이 좀 사라져도 괜찮지 않을까? 기대한 내가 잘못이다.

그래… 먹어라 먹어.

울고 싶음 울고
먹고 싶음 먹고
자고 싶음 자고

이런 내가 밉지만 미워도 어쩌겠냐.

이렇게 종일 나는
울다 먹다 자다 울다 먹다 자다
울먹자… 먹자… 먹자…
참나, 어이가 없네.

그리고

참 신기하다. 눈물이 흐르면 배가 고프다.

치킨도 먹는데
못할 것도 없지

SCENE #16 **내 마음인데 내가 제일 모르겠어,
나만 그래?**

최악의 주말, 훈련을 시작한 후로 가장 격정적인 날들이었다.

"더 울어. 아직도 많이 남아 있어."

사라지고 싶었고 죽고 싶었지만, 그런 내 감정과는 다르게 오늘은 또 돌아왔다. 난 지금 '대수롭지 않음'이 일상이신 선생님 앞에 앉아 있다. 그런 선생님은 가끔 사람이 아닌 것 같다. 혹시 내가 인간이 지닌 근본적인 외로움과 감정에 대한 문제를 AI와의 상담으로 과연 해결할 수 있을지 테스트를 당하고 있는 건 아닐까 하고 생각할 때쯤이었다.

"우연, 나도 힘들 때가 있어. 나도 내 마음대로 되지 않을 때가 있어."

의외로 선생님은 AI가 아니신가 보다. 그렇다면 무당이신가? 이런 의심 쪽으로 내 마음이 기우는 건 합리적이다. 가끔은 선생님의 지나친 차분함을 보며 '왜 나만 힘든 걸까?' 하고 자책하게 될 때가 있었다. 그런데 로봇처럼 차분한 선생님도 힘들 때가 있다고 하시네.

"선생님도요? 선생님도 힘들 때가 있어요?"
"그럼, 당연하지."
"선생님은 하나도 안 힘드실 줄 알았어요. 물론 그러지 않을 테지만, 알면서도 그래 보였어요. 그래서 부러웠어요."
"그래서 내가 오늘만 살라고 하는 거야, 오늘만."

위로 글귀나 명언을 볼 때면 항상 '말이 쉽지' 하고 생각했다. 한때는 콧방귀를 뀌며 비웃기도 했다. 그래서 선생님이 나에게 하는 말들, '꼴리는 대로 해', '마음먹기에 달렸어'. '오늘만 살아', '충분해' 이런 말의 힘을 믿지는 않았다.

하지만 요즘은 이런 말을 '모르는 것보다 아는 게 낫고, 안 하는 것보단 하는 게 낫다'고 느낀다.

빈말이라 해도, 빈말에는 비었다는 에너지가 채워진다. 모든 말엔 늘 에너지가 찰 수밖에 없다. 요즘 들어 이렇게 느끼는 걸 보면 내가 많이 힘들거나 혹은 마음이 조금은 열렸다는 증거일 것이다. 이럴 때 누군가 나를 선교하려 든다면 마음을 홀랑 빼앗겨 버릴지도 모른다고 내 상태를 잘 인지하는 걸 보면, 생각보다 그렇게 힘들지는 않은 것 같다.

주말동안 외웠던 주술 같은 말들이 있었다.

치킨도 먹는데
못할 것도 없지

오늘은 이런 상태로 살자, 오늘은.
어차피 내일이면 오늘의 난 없다.

사라지고 싶은 나는 오늘의 나.
기분 좋은 나는 오늘의 나.

그냥 오늘만 오늘만 오늘만.

오늘이 가장 충분하다.

PART 5

소강상태

SCENE #17　　**통치기엔 아까운 나의 소중한 고통**

　보수작업 중이다. 엉망이 된 상태를 원래 상태로 되돌리는 중.

　사람들에겐 '무용담'이라는 게 생긴다. 군대 갔다 온 얘기, 누구랑 싸워서 이겼다는 얘기, 다쳐서 수술을 하고 회복했다는 얘기. 이런 얘기는 과정에 나름의 마침표를 찍었다고 생각하는 사람만이 할 수 있는 얘기다.

　하지만 그 과정을 여전히 겪고 있는 나는 무용담을 털어놓기에는 너무 나약하다. 이 고통들이 다시 찾아 올까 봐 보이지 않는 곳에서 늘 마음 놓지 못한 채 망을 보고 있다.

　과정을 지내는 방법은 다양하겠지만, 난 철저한 단절을 택한다. 나만의 공간에 들어가 벽을 두껍게 쳐서 아무리 소리를 지르고 울고불고 난리를 쳐도 아무도 듣지 못하게 만드는 게 나의 습관이다.

　남들에게 좋은 모습만 보여줘야 한다는 강박으로 인해, 죽어도 화장은 하지 않고 쌩얼로 다녀도 스트레스가 전혀 없다는 게 아이러니하지만 결국 나의 진짜 속은 꼭꼭 잘 숨긴다.

   우울은 종종 찾아온다. 삼사 년에 한 번씩 큰 파도가 오는데, 요즘은 그 주기가 좀 빨라지는 것 같다. 이런 시기를 겪을 때면 스스로를 위로해준답시고 '신은 인간에게 견딜 만한 고통을 주기 마련이다. 이 또한 지나간다.'라는 글들을 읽는다.
  "맞아, 맞아…. 맞긴 맞는데 이건 좀 아니지 않나?"
  오늘의 나는 욱한다. 내 안에 풀어내야 할 이야기가 터지는 첫 시작이 지금인 듯 싶다.
  '견딜 만한 고통? 시간이 해결?' 이건 너무 결론적이고 무책임한 말이다. 위로를 전하기에 좋은 문장들이겠지만 그 어디에도 과정에 대한 언급은 없다. 과정을 말해주지 않는 걸 보면 우월감에 도취되어 하는 말인 게 분명하다. '내가 온몸으로 버티고 느낀 건데, 어디서 나의 노력을 별거 아닌 것처럼 퉁치려고 그래?'
  '잘 버텼어, 잘했다. 이런 이유도 모를 감정에 휘말려서 아파하는 게 얼마나 어려운 건데. 그럼에도 이렇게 오늘을 또 사는 게 얼마나 대견한데.'
  함부로, '삶이란 원래 그래' 하고 퉁치지 마.

나이가 들수록

칭찬 받을 기회가 사라지더라.

그러니까 칭찬도 알아서 챙겨야 해.

잊었겠지만

밥만 잘 먹어도 칭찬 받았어.

이 복잡한 세상을 사는데

고통스런 세상을 사는데

칭찬 받아 마땅해.

뭐가 됐든

참 잘했다.

SCENE #18 　　**꼴리는 대로의 끝에는 항상 치킨이 있다**

꼬깔콘. 몽쉘. 피자. 계란 샌드위치. 쿠크다스. 다이제. 계란과자. 쌀과자. 초코송이. 칸쵸. 달고나 라떼. 초코크림 케이크. 마라탕. 초밥. 떡볶이 과자. 떡볶이. 크림빵. 단호박죽. 고구마. 옹심이. 메밀전병. 보리밥. 김치. 요거트. 누네띠네. 홈런볼. 닭강정. 치즈케이크. 월드콘 아이스크림. 호두. 건포도. 예감. 포카칩. 편의점 피자. 프링글스. 크림라떼. 가나 초콜렛. 닭껍질튀김. 감자튀김. 양념치킨. 후라이드 치킨. 굽네 치킨. 햄버거. 육회. 연어. 유부초밥. 호떡. 새우강정. 야끼만두. 김밥. 킹크랩. 소고기. 야채스프. 참치 회. 참치캔. 떡꾹. 가래떡. 미역국. 흰밥. 꼰빠냐. 단팥빵. 찐빵. 만두. 딤섬. 타코. 갈치조림. 김치찌개. 굴젓. 낙지젓. 두유. 블루베리. 사과. 약과. 호박전. 파전. 삼겹살. 돼지껍데기. 소 곱창. 쫄면. 토마토 계란 볶음밥. 크라산도, 야채튀김. 순대. 콘치즈. 참깨과자. 소주. 맥주. 먹태. 와인. 치즈. 돈까스. 생선가스. 포테토칩. 게맛살. 생 도넛. 꽈배

치킨도 먹는데
못할 것도 없지

기. 호빵. 붕어빵. 초코하임. 제크. 꼬물탱. 롯데샌드. 버터링. 후렌치파이. 미쯔. 아이비. 꽃게랑. 양파링. 오징어튀김. 간장계란밥. 샐러드. 아보카도. 명란마요. 짜장면. 탕수육. 계란볶음밥. 하이볼. 매쉬드포테이토. 시래기국. 치즈김밥. 라면. 김. 초코파이. 젤리, 골뱅이 소면. 파베 초콜렛 등등등….

"꼴리는 대로 먹어보니까 어때?"

난 여전히 꼴리는 대로 먹어보기 훈련 중이다.

예전에 '살면서 언제쯤 마음껏 음식을 먹을 수 있을까'를 상상해 보다가, 이루어질지 아닐지는 몰라도 '아마 내가 임신할 때가 아닐까?' 하고 생각한 적이 있다. 이제 하다 하다 아직 생기지도 않은 뱃속의 태아에게 책임을 전가하려는 내 모습. 살찌기가 내겐 이렇게나 두려운가 보다.

하지만 요즘 난 임신하지 않았는데도 음식을 마음껏 먹어보고 있다. 모든 책임은 태아가 아닌 선생님께 돌리면서 말이다.

"음… 맛있어요."

위의 음식 리스트 중에서 가장 많이 먹었던 음식은 온갖 종류의 과자, 그리고 치킨과 닭강정이다.

치킨이 날 좋아했으면 좋겠다는 마음이 들 정도로 난 사실 치킨을 좋아한다.

"제가 치킨과 닭강정을 정말 좋아하더라고요."

그렇게 이뤄진 치킨과의 재회. 처음 우리 관계에 균열이 생기기 시작한 건 미디어 그리고 사람들의 이간질 때문이었다. 치킨이 살찌는 음식이라고 프레임을 씌워버린 건 특히 한국 사회에서는 절대 해서는 안 될 행동이었다. 이런 온갖 괴롭힘에도 불구하고 치킨은 혜자스럽다. 늘 내어주는 존재. 이런 존재를 하마터면 내 인생에서 영영 아웃 시킬 뻔했다.

너무 좋아해서 헤어져야 하는 관계라고 해야 하나…. '사랑하는데 널 떠나보내야 해.' 이런 대사 정말 싫어했는데 내가 치킨에게 이런 말을 하게 될 줄이야.

꼴리는 대로 먹기 훈련을 시작한 후에 가장 먼저 먹었던 음식이 치킨이었다. 아무리 먹어도 질리지 않는다. 바삭한 튀김과 치킨 살의 조합은 언제 먹어도 좋다. 다만 치킨에 대한 태도는 훈련 중에 천천히 바뀌었다. 어떻게든 더 가져 보겠다고 난리를 쳤던 초반. 한 마리를 시키면 다 먹고 난 후에 부족해서 한 마리를 더 시켰다. 그리고 두 마리째를 먹다가 어느새 지쳐 잠들었다. 치킨이 오면 흥분의 도가니 상태에 빠진다. 이땐 내가 치킨에게 일방적으로 매달리는 상태였다. 그렇지만 훈련 후 시간이 조금 지난 이젠 한 마리에서 딱 멈춘다. 이젠 치킨이 도착해도 차분함을 유지할 수 있게 되었다. 설레는 마음은 여전하지만, 치킨이 도착해도 하던 일을 마무리하고 올 정도로 많이 차분해졌다. 치킨은 어딜 가지 않으니까. 치킨과의 신뢰가 쌓인 것 같았다. 관계 속 균형이 맞춰졌다. 오래 알아갈수록 익숙해진다는 말이 있지만, 서로 노력하니 늘 봐도 설레는 마음이 들면서도 믿을 수 있게 되었다.

"먹다 보니 별거 없지?"

선생님, 별거 없다니요? 감히 나와 치킨의 관계를 이렇게 별거 없는 관계로 만드는 건 불쾌하지만…

"네."

사실이다. 솔직해야 한다.

여전히 난 치킨을 사랑한다.

SCENE #19   **담배를 피우면 입맛이 떨어진다면서요?**

"별거 없다고 느낀 건 사실이지만, 여전히 음식 앞에서 자유롭지는 않아요."

차라리 담배를 배울까 하는 고민을 정말 많이 해 왔다. 그런 의미에서 난 칠 년째 잠재적 흡연자라 할 수 있다. 담배에 관심을 두게 된 건 담배를 피우면 입맛이 떨어진다는 얘기를 듣고 나서부터였다. 담배를 끊은 사람들이 하나같이 군것질을 입에 달고 사는 금단 현상을 겪게 된다는 걸 보면 더더욱 신뢰가 갔다. 그렇다면 군것질을 끊었을 때 오는 금단 현상을 담배로 해결할 수 있지 않을까 하는 거다. 그렇게 나는 내 속의 결정권자에게 논리정연하게 제안해 보지만, 끝내 허락이 떨어지지 않아서 여전히 츄파춥스를 물며 단 연기를 내뿜는 내적 골초이다. 뽐이 안 난다… 후우….

"습관적으로 먹고 싶기도 한 거 같아요. 예전보다는 덜 하지만, 여전히 입에 음식이 들어가면 입이 터져 버려서 닫는 데까

치킨도 먹는데
못할 것도 없지

지 시간이 좀 걸려요. 많이 먹음 불안하긴 해도 예전만큼 음식을 아예 못 먹을 거라고 여기지는 않는 것 같아요"

"그동안 눌러 놓은 욕구가 있는데 당연하지. 몸이 알아서 하게 내버려 둬."

선생님이라고 모든 걸 다 아실 수는 없지만, 적어도 내가 알고 싶은 미래는 훤히 보고 계신 듯했다.

'후우…'

담배를 피우고 싶어 하는 내 마음도 아실 거 같은데

차라리 담배를 피우라고 권해 주셨음 좋겠다. 탓하게.

*

"감량을 원해?"

담배가 아닌 감량을 권하시는 선생님.

잠시 잊은 척했던 몸무게에 대한 집착과 강박. 해결된 게 아니라 어쩔 수 없으니까 그냥 괜찮은 척 지냈던 거다. 만약 내가 여기서 '네! 전 이대로가 괜찮아요. 전 이제 저를 사랑할 줄 알게 되었어요'라고 말할 수 있다면 참 좋았겠지만, 그건 드라마에서나 있을 법한 시나리오다.

나와 살에 관한 얘기는 픽션이 아니라 논픽션이다. 게다가 초현실주의적인.

난 내 몸뚱어리가 여전히 마음에 들지 않는다. 아직도 변하지 않는 감정이다.

당연히 감량을 원하죠. 당연하죠.

"감량할래, 말래?"

또 시작된 선생님의 '할래 말래'. 이젠 고민할 것도 없다.

"할래요."

"이제부턴 '원해서 한다' 훈련이야. 그냥 하는 거랑은 달라. 원해서 해야 해."

원한다니깐요. 예쓰 아이 원트! 왜 자꾸 물어요, 입 아프게.

"네."

"그럼 오늘은 물만 마셔."

황당해 입이 벌어졌다. 차라리 담배를 권해주시는 게 낫지 않았을까….

**치킨도 먹는데
못할 것도 없지**

"오늘 하루만, 하루만 하는 건데?"

매직을 기대한 건 나의 잘못이었을까? 뭐야… 나 속은 건가. 결국, 다른 다이어트 업체들과 크게 다른 게 없는 걸까?

굶으라는 거? 이건 내가 지금까지 수도 없이 해왔던 것과 같은데. 먹고 싶은 거 먹지 말라는 소리잖아….

'물만 마셔'라는 한 문장은 선생님께 열어 두었던 마음의 문을 잽싸게 닫아야 할 것 같은 마음이 들게 했다.

비상이다!

깐깐하고 예민한 세포들이 촉수를 곤두세우고 거부 반응을 보이기 시작했다. 이놈들은 우선 가장 핵심인 심장을 건드린다. 일정한 속도로 호흡을 유지하며 뛰고 있던 심장의 속력 버튼을 마구 눌러 전력 질주를 하게 만들었다.

심장이 전력으로 질주하기 시작하니 몸 상태가 모두 불안정해진다. 그러다 나중엔 뇌까지 흔들리기 시작한다. 불안과 연관된 모든 기억이, 특히 음식과 관련된 것들이 심장 박동에 맞춰 빠르게 떠오르기 시작했다.

'물만 마셔'의 '물'은 물 다이어트. 물 다이어트의 '다이어트'는 굶기 다이어트. 굶기 다이어트의 '굶기'는 음식을 먹지 마. 먹지 않으려면 사람을 만나지 마. 사람을 만나지 않으려면 미워하면 돼. 미워하다 보면 고립. 고립되면 외로워… 외로우면… 슬퍼… 슬프면… 기차… 기차는 빨라….

꼬리에 꼬리를 문 기억과 감정들이 순식간에 '의심'이라는 단어로 변했다. 그리고선 뇌리에 스치는 이 말.
'선생님을 믿어야 해, 말아야 해? 이 선생님, 이상한 선생님 같아. 믿지 마.'

이때 무당 같은 선생님의 말이 내 귀에 꽂힌다.
"오늘 하루만, 오늘만."
혹시나 내 마음속 혼잣말이 밖으로 새어 버린 걸까 하는 의심까지 드는 타이밍이었다.
'오늘만'은 순식간에 과거의 기억들로 생긴 공포의 쓰나미에 떨고 있던 나의 세포들을 설득하기 시작했다.
안심해라 세포들아!

빠르면 하루만, 하루면 물만 먹어도 절대 안 죽어. 물만 먹어도 절대 안 죽어. 지금까지 꼴리는 대로 먹었으니까 오히려 좋아. 지금 위가 오히려 그걸 원해. 쉬어야 해.

**치킨도 먹는데
못할 것도 없지**

위에게 슬며시 물어본다. '넌 어떠니?'

위는 목소리를 내는 대신 조심스럽게 쓰리고 더부룩한 느낌을 전하며 상태를 보여줬다. 갑자기 미친 듯이 들이밀었던 음식 덕분에 위는 요즘 계속 과로 중이었다.

이런 내적 회의를 통해 우리는 선생님을 믿어 보기로 결정했다. 공공의 적이 생기자 오랜만에 '우리'가 된 내 의식과 몸. 이 타이밍에 들어온 선생님의 말 한 마디는 신뢰를 더 단단히 하기에 충분했다.

"쉬어. 특히나 지금은 더. 쉬어서 에너지를 남겨야 해."

과거의 다이어트 기억으로 생긴 불편하고 불안한 감정을
새로운 훈련으로 바꿔보고 싶은데
의심이 계속 싹튼다.

나쁜 기억도 경험이라고 셀프 가스라이팅을 하며
새롭게 시작해보려는 것들에 태클을 걸기 시작한다.
고질적인 의심병.

과연… 될까?

'부정적인 감정을 없애는 가장 좋은 방법'은
'긍정적인 감정을 계속 채우는 거'라고 했다.

지저분한 물이 담긴 컵에 계속 깨끗한 물을 부으면
지저분하다가 덜 지저분해지고, 중화되고, 더 중화되다가
마침내 깨끗해진다.

결국, 계속 깨끗한 물을 붓다 보면 컵 안에 있던
더러운 물은 어느새 사라지고
깨끗한 물로 채워지게 된다.

지금 나는 깨끗한 물을 붓는 중.

**치킨도 먹는데
못할 것도 없지**

SCENE #20   **의지박약인 게 아니라 인간적일 뿐**

'되게 만들어야지.'

'쓰리 불'. 지금 느끼는 '불안', '불편' 그리고 '불신'마저도 다 선생님께 넘겨버리고 난 다시 시키는 대로 행동하기로 했다. '쓰리 불'을 잠재우는 방법은 그저 눈 앞에 있는 걸 하는 것뿐. '쓰리 불'의 무게와 나의 무게를 선생님께 넘기고 난 최대한 가볍고 단순하게 행동해 보기.

물만 먹기를 끝낸 다음 날, 생각으로 가득한 머릿속을 단숨에 정리해준 한 마디.

오늘은 한 숟가락. 오늘 하루만. 툭.

그다음 날,

오늘은 두 숟가락. 오늘 하루만. 툭툭.

그다음 날,

오늘은 세 숟가락. 오늘 하루만. 툭툭툭.

내 몸에 맞는 양을 찾아가기 그리고 그 부피를 기억하기, 과식하지 말기, 끝.

의심이 싹트려는 타이밍이면 '훈련이야. 훈련은 그냥 해. 누가 잘하래?' 툭.

선생님은 내가 숟가락 크기는 어떻고 국물은 어떻고 반찬은 어땠으며 등등으로 자로 잰 듯 칼같이 공식화시켜 '잘해야 해' 태도를 보일 때마다 이런 의미심장한 말을 가볍게 던지신다.

"훈련이잖아. 잘 돼도 안 돼도 그냥 해 보는 거야.

훈련이니까."

*

생각해 보면 예전에 했던 훈련이다, 너무 오래전이라 기억이 안 날 뿐.

먹기 훈련. 눈앞에 있는 음식을 발견한다. 음식을 손이나 도구를 이용해 집는다. 음식을 입으로 가져온 다음 붙어 있던 윗입술과 아랫입술을 열어준다. 보통 '아' 소리를 내면 잘 열린다. 음식을 입안으로 넣어준다. 손은 입이 닫히기 전에 잽싸게 뺀다. 혀를 이용해 음식을 탐색한다. 맛과 질감을 파악하여 어떤 특징을 가진 음식인지 그리고 어느 정도의 압력이 필요한지 판단한다. 잠시 후, 메인 치아가 정해지고 압력이 결정되면 치아들은 일사불란하게 움직이기 시작한다. 부수고 짓누르면서 음식을 잘게 부순다. 어느 시점이 지나면 치아의 움직임에 적절히 혀가 개입하여 입안에서 음식을 고루고루 굴린다. 이 모든 과정동안 계속해서 맛이라는 정보를 뇌에 전달해 준다. 이때 다양한 신체 반응이 나오기도 한다. "우와. 크으. 우웩…." 음식들의 모든 정보가 파악된 후 혀와 치아는 협력해 음식물을 목 끝으로 이동시킨다. 그리고 잠시 대기. 카운트다운. 쓰리, 투, 원. 꿀꺽.

음식은 목구멍을 통과한다.

'한 입'이 제일 큰 충족을 줄 수 있다는 그 원리를 알겠다.

10일 동안 6킬로를 감량했다.
그래서 내 인생은 달라졌다.
끝.

이라고 말했으면 얼마나 좋았을까?

PART 6

거짓말

양치기 소년의 등장.

난 역시 주인공이 되기를 간절히 원하는 사람인가 보다.
원래 주인공은 적도 많고 고난도 위기도 시련도
다 겪어야 하거든.

SCENE #21　　**양치기 소년의 등장**

몸이 가벼워지자 입도 가벼워진다.

거짓말을 하기 시작했다. 그것도 선생님 앞에서. 선생님과 나와의 관계 규칙, '함께 하기'를 어기기 시작했다. 나의 상태를 숨기고 거짓말을 일삼으면서 나는 다시 혼자만의 동굴로 들어가기 시작했다.

- 가벼워진 나. 어느새 다시 생기는 불안. 살이 찔까 두려워. 먹으면 또 찌겠지.
- 무섭다. 먹지 말자… 아, 씨… 미치겠다….

차마 선생님께 보내기 버튼을 누르지 못했다. 그동안의 훈련이 물거품이 된 것처럼. '무언가 먹고 싶다는 건 몸이 보내는 신호다. 항상 에너지를 남겨 쓰는 걸 해야 해. 쉬기 모드. 훈련하기. 참기가 아니라 충족. 그럼에도 불구하고….' 이 모든 말

치킨도 먹는데
못할 것도 없지

을 난 귓등으로 들었다. 귓구녕 안으로 넣은 게 하나도 없는 듯 아니 애초에 들어본 적도 없는 사람처럼 행동하고 있는 나를 보며 실망한다.

하지만 이 모든 건 다른 사람들을 실망시킬 수 없어서이기도 하다.

왜냐하면 난 칭찬받고 있으니까, 실망시키면 안 되니까.

아침마다 내 몸무게를 함께 직관하던 간호사 분들이 하는 말,

"이렇게 빨리 감량하다니… 대단해요."

나의 무게를 매일 확인하던 선생님이 하는 말,

"우연, 잘 하고 있어."

함께 해주기로 한 사람을 배신하기. 고작 그 칭찬 따위 때문에.

아니야… 사실
이 모든 건 다 안와전두엽 때문이야

안와전두엽

욕구, 동기 등 감정적 정보를 처리하여
사회적 행동을 수행 하게 하는 뇌의 영역.

안와전두엽의 기능

타인에게 인정받고 싶은 욕구.
좋은 평판 명성에 대한 욕구.

도대체,
탓하는 건 어느 뇌의 기능이 발달해서 이런 걸까,
참 못났다.

**치킨도 먹는데
못할 것도 없지**

SCENE #22　**칭찬은 받고 싶지만
칭찬을 받으면 불안하고 우울해져요**

"후회하는 게 있어요. 고등학교 때 땡땡이 안 처본 거랑, 친구들하고 몰래 술 한 번 안 마신 거요. 굳이 왜 해야 하는지 모르겠더라고요. 그 틀 안에서도 충분히 재밌는 게 많은데 왜 정말 굳이? 근데 지금은 후회해요. 그때 해볼 걸. 지금은 너무 겁쟁이 같거든요…."

중저음의 보이스로 이런 말을 내뱉는 나를 보면서 나는 재수없음을 느낀다. 좋은 사람 콤플렉스, 칭찬에 목마른 사람, 혼나는 게 두려운 사람이었다는 문제를 교묘하게 태초부터 긍정적인 사람이었던 걸로 바꿔 버리는 약삭빠른 태도로 나는 지금까지 아주 잘 버텨왔다. 하지만 그게 내 인생의 덫이 된 지 오래되었다는 것 또한 느낀다.

칭찬에 웃고 칭찬에 우는 사람.
왜냐하면 나를 칭찬할 줄 모르니까…
그래서 남에게 받는 칭찬이 중요해.
내가 제일 잘하는 건 자책.
난 어떠한 상황에서도 내가 부족한 건 잘 찾아.
되게 신기하다? 반대로 어떠한 상황에서도
다른 사람의 장점은 잘 찾는다?

내가 남한테 하는 행동의 진실은 결국,
내가 나에게는 가장 잘 하지 못하는 행동,
그리고 내가 가장 나에게 하고 싶은 행동.

*

 중학교 2학년 때였다. 아침에 눈을 떴을 때 따사로운 햇빛이 나를 감싸 안으며 그날따라 샤랄라한 느낌이 들었다. 오글거리긴 하지만 그 순간의 따스함을 표현할 수 있는 단어가 '따사로움' 밖에 생각나지 않는다. 아무튼 아직까지도 생생하다. 두 손을 머리위로 쭉 뻗으며 마치 잠자는 숲속의 공주가 오랜만에 눈을 뜬 것처럼 개운하고 평화롭게 기지개를 피며 일어나야 할 것 같은 너무나도 비현실적인 느낌. 하지만 그건 닥쳐올

치킨도 먹는데
못할 것도 없지

미래에 충격받을 나를 보호하기 위해 무의식이 만든 순간의 감정일 뿐.

시계를 보는 순간 따사로움은 따가움으로 변질되었다. 나는 미간을 잔뜩 찡그리며 엄마를 불렀다. '엄마'라는 두 음절에 담을 수 있는 모든 '원망'을 담았다. 하지만 '1분만'이라는 말을 수차례 말한 건 내 주둥이였고, 인내심이 바닥난 엄마도 "이제 진짜 안 깨운다, 늦어도 네 책임이다"라고 분명히 말했다. "알겠다고! 나가라고!!!" 나는 잠결에 엄마와의 구두 계약을 체결해 버린, 겁도 없는 중딩이었다.

알면서도 이 모든 것을 엄마의 탓으로 돌리고 싶었다. 아무리 그래도 어떻게 나를 안 깨울 수가 있냐며, 어떻게든 날 깨워서 학교에 보내는 게 엄마의 역할 아니었냐며 감히 역할을 운운하며 책임 회피를 시작했다. 난 서둘러 교복을 입고 투덜거리며, 펴질 줄 모르는 미간을 '늦어도 괜찮다'고 말하는 엄마에게 내보였다. 그리고선 "엄마 일 아니라고 쉽게 말하는 거잖아!"라는 전형적인 남 탓 대사를 내뱉고 말았다. 잔뜩 성이 나 엄마의 얼굴도 쳐다보지 않고 온 몸으로 분노와 짜증을 표현했다. 온몸을 배배 꼬면서 풀리지 않는 짜증을 어떻게든 풀어 보려 했지만 잘 되지 않아 괜히 애꿎은 방바닥에게 수 차례 발길질을 해댔다.

그리고 '쿵'.

현관문을 닫았… 아니 닫혔다….

아차 싶었다. 이건 손이 미끄러진 건데….

잽싸게 엘레베이터 버튼을 누르고, 13층까지 엘리베이터가 올라오기를 기다리는 그 순간이 너무 초조했다. 엄마가 혼을 내러 나오진 않을까 하는 불안에 심장의 비트는 점점 빨라졌다. '띵동' 하고 엘리베이터 문이 열리자 빠르게 몸을 실은 후 '1층', 그리고 '닫기'! '닫기 버튼은 한 번만 살살 누르세요'라는 경비 아저씨의 쪽지를 무시한 채 '다다다다다' 연속으로 눌러댔다. 드디어 스윽 문이 닫혔다. 휴.

아파트 후문을 지나 버스 정류장에서 버스를 기다리는데, 이미 느꼈다. 지각 확정이다. 20분 지각.

고작 20분 지각이다. 살면서 지각 안 하는 사람은 없다. 별거 아닌 실수였고 흔하게 있을 수 있는 일인데, 이때 나는 두고두고 쪽팔릴 거짓말을 하게 된다. 양치기 소년의 등장.

20분 동안, 어떻게 하면 선생님께 나의 지각이 단순히 늦잠을 자서가 아니라 이유 있는 일이 될 수 있을지 고민하고 또 고민했다. 항상 모범만 보이며 혼날 짓은 전혀 하지 않는 '반장 장우연'의 지각이 선생님께 큰 실망을 안겨주지 않을까 하는 불안, 그리고 복도에 서서 혼나고 있는 모습을 반장 장우연이 보여줘야 한다는 부담감이 나의 이성을 마비시켰다. 지금까지 잘 만들어 온 이 이미지를 지각 한 번으로 깎아내릴 수 없었다.

그래서 내가 선택한 방법은 '생리'였다.

인간은 정말 간사하다. 생리를 하면서 불편함을 겪을 땐 불만을 토로하지만 그 특성을 잘 이용하기도 한다.

시나리오는 완벽했다. 아침에 '일찍' 일어나 '제 시간에' 집에서 나왔고 '늦지 않게' 버스를 타서 학교에 오고 있는 길에, '아뿔사' 나의 치마 사이로 무언가 흐르는 게 느껴졌다. 그것은 피! '생리혈'이었다. 오늘은 하필 체육시간도 없어 체육복도 없으니 학교로 온다 해도 갈아입을 옷도 없고 이미 내 팬티는 피범벅이 된 상태다. 찝찝함으로 인해 오늘 하루 공부를 방해할 거라 판단하여 정말 하는 수 없이 버스에서 내렸고 가방 줄을 길게 늘어뜨려 엉덩이만 대충 가린 후 집으로 돌아갔다. 집에서 피묻은 팬티를 갈아 입고 새 교복 치마를 입은 후 생리대를 가지고 다시 학교로 오다 보니 20분을 늦을 수밖에 없었다.

여기서 내가 강조할 수 있는 포인트 몇 가지. '생리는 여자라면 알 수 있는 공감 포인트', '아직 10대라 주기가 정확하지 않아 갑자기 생리가 터질 수도 있다', '10대이기에 생리가 샌 흔적을 보이는 건 너무 싫다', 그리고 '생리통으로 인해 난 아프다', 그럼에도 불구하고 '20분 밖에 늦지 않았다'.

겹겹이 쌓고 쌓은 나의 이미지를 보존하기 위한 벽.

'늦잠 잤어요. 죄송합니다.'로 끝날 수 있는 일이었지만, 늘 성실한 아이, 모범이 되는 아이, 반장 이라는 그 몇 가지 구차한 타이틀에 얽매여 난 거짓말을 했다. 리허설도 없이 바로 내 입에서 나오는 대사들이 너무 그럴 듯했다. 술술술 말을 이어가는 나의 모습이 무서우면서도 실망스러웠다. 나는 양치기 소녀. 선생님이 혹시나 엄마에게 전화를 걸어 확인할까 걱정이 되긴 했지만, 다행히 선생님은 다른 건 묻지 않으셨고 나를 복도에 세워 다른 아이들과 함께 벌을 주셨다. 아무 말 없으신 선생님의 반응에 '나는 거짓말이 들킨 걸까, 아니면 어떠한 이유든 지각한 내가 실망스러우신 걸까?' 하고 상상의 나래를 펼쳤다.

아침 조회 후 선생님은 나를 조용히 교무실로 부르셨고 괜찮냐고 물으시며 초콜릿 하나를 몰래 주셨다. 그리고 약이 필요하면 양호실에 가서 먹으라는 말도 덧붙이셨다.

**치킨도 먹는데
못할 것도 없지**

교무실에서 나오는 순간 몰려온 죄책감과 수치스러움은 두고두고 나를 찝찝하게 만들었다. 그렇게 난 생리도 하지 않는데 생리하고 있는 상태가 되었고, 그렇게 믿고 행동하다 보니 정말 이틀 뒤 생리가 터졌다. 그렇게라도 '내 거짓말이 진짜였어'라고 속이고 싶었다.

남에게 받는 칭찬이 쌓일 수록
나에 대한 실망이 쌓인다

SCENE #23   **티 안 나는 탈선을 과자 먹듯 하며 원하지
않는 스릴을 느껴야 하는 소심한 인간**

단기 수행능력이 좋은 로봇마냥 목표 그리고 누군가의 적당한 감시가 있다면 나의 결과 도출 능력은 꽤 좋은 편이다. 하지만 장거리가 되면 내가 로봇이 아닌 인간이었음을 깨달으며 생각보다 복잡한 인간의 몸과 마음으로 살기를 버거워 하는 한계 덩어리이기도 하다.

누군가 나에게 '가장 갖고 싶은 재능 혹은 능력이 뭐야?' 하고 묻는다면 난 고민 없이 '꾸준함'이라고 말한다.

꾸준함이라는 능력의 부재로 시작은 잘하지만 항상 끝이 애매한 그런 인간. 나의 이런 행동 패턴이 다이어트를 통해 보여지는 것 같기도 하다. 그래서 더 숨기고 싶다.

난 유지만 하면 되는 시기에 도달하면 매번 소심한 탈선을 즐기다 도로아미타불을 마주하곤 한다. 차라리 대놓고 탈선을 하던가, 그럼 속이라도 시원하지. 이 소심한 인간… 잃을 것도

치킨도 먹는데
못할 것도 없지

없는데 잃을 게 많은 것처럼 행동하는 속 빈 강정이다.

*

"감량은 그렇게 잘 하면서 왜 유지는 못 해요?"

이 말은 왜 내 귀에만 들리는 걸까? 그야 아무도 이런 말을 내게 한 사람이 없으니까. 나라는 인간 속 '체중'을 담당하는 부서의 매니저가 하는 말이니 아무도 들을 수 없다.

"그러게 말입니다, 저도 그게 제일 답답합니다."

나도 모르게 그 혹은 그녀에게 머리를 조아리며 반성하는 태도를 취한다.

"선생님도 그리고 간호사 분들도 기대하고 계시잖아요. 근데 왜 기대에 부응을 못 해요?"

악랄한 매니저는 또 한번 뼈 있는 말로 나를 찌른다. 이런 말은 마치 나에게 '잘해야 한다'는 부담감 박스를 잔뜩 얹어서 들게 한 후 외줄타기를 하라고 등을 떠미는 듯한 기분이다. 그렇게 나는 등을 떠밀려 선생님이 계신 방에 들어왔다.

"안녕하세요…."

선생님은 차트를 보시고 계신 것뿐, 할 말이 없어서 아무 말도 하지 않으시는 게 아니란 걸 알면서도 불안해진다.

"그… 뭔가 먹게 되더라구요. 하하하하."
정말 어색한 웃음.

*

선생님을 속이기 위해 연기하는 배우.
어느 때보다 몰입감이 좋았던 연기 훈련이다.

아무렇지 않은 척, 괜찮은 척.
레디 액션.

   나 (덤덤하게) 음식이 이젠 그렇게 무섭지 않아요.
     어젠 사람들 만나서 삼겹살도 먹었어요.
     몇 점 더 먹긴 했지만 그래도 즐거웠어요.

**치킨도 먹는데
못할 것도 없지**

앞에 앉아있는 선생님을 쳐다본다. 살짝 미소를 짓는다. 그리고 선생님은 '나'의 얘기를 귀담아 듣는다. 웃으며 얘기하신다.

선생님 …..

아니. 선생님이 얘기하지 않으신다. 계속 '나'가 얘기한다.

나 (당황하지 않은 척) 가성비 좋은 사람이 된 거 같아요.

편안하게 웃는다.

나 하하하하

편안하게 웃는다… 편안하게….

컷. NG.

이미 들켰다. 분명하다.
"인정하죠? 너무 작위적인 웃음이었어요, 마지막은…."
이것도 나에게만 들리는 소리다.
차라리 솔직했으면 좋았을 텐데.

> 나   감량을 한 건 좋은데 사실 다시 살이 찔까 두려워요. 그래도 그동안 훈련 덕분에 맛도 잘 느끼고 포만감도 잘 느끼긴 해요. 그래도 예전 습관으로 돌아가고 싶은 마음이 들어요. 더 먹고 싶고… 전 왜 이럴까요…

이렇게 얘기했으면 적어도 내가 나한테 쪽팔리지는 않았을 텐데, 덜 괴로웠을 텐데….

*

"몸은 힘들면 더 먹기를 원해. 그건 당연한 거야. 몸이 먹기를 원했을 때 참는 방법을 배우는 게 아니라 애초에 그러지 않도록 훈련해야 해. 그러려면 남겨. 에너지를 남겨서 써."

**치킨도 먹는데
못할 것도 없지**

선생님의 차분한 한 마디. 그리고 또 한 마디를 덧붙이셨다.
"두려워하면 두려워하는 대로 돼."

See you tmr.

서로 모른 척하기.
선생님도 내가 말하지 않는 걸
알면서도 모른 척해주신 듯싶다.
그리고 나도 선생님이 알지만 모른 척했다는 걸
모른 척하는 중이다.
받아들이는 순간 너무 쪽팔릴 것 같아서.
괜한 자존심에 혼자서 아슬아슬 줄타기를 하며
괜한 힘을 뺀다.

SCENE #24　　**하는 척하면서 아닌 척하기**

원래 그냥 하는 것보다 척하는 데 더 많은 에너지가 필요하다. 들키지 않으려고 눈치까지 봐야 하니까. 선생님이 늘 말했던 '몸이 알아서 하게 내버려 둬'라는 말을 들은 척만 하고 난 또 내 몸에게 감 놔라 배 놔라 하기 시작했다.

충족이 아니라 욕구 억제. 참기.

난 이전보다 불안하다.

초 예민한 상태.

*

"글도 써 봐."

선생님을 속이기 위해 명연기를 펼치며 아슬아슬 줄타기를 하고 있는 저에게 갑자기 글이라뇨? 나의 예민함이 폭발한다. 차라리 '연기 잘 하고 있어'라고 말해주셨다면 난 이렇게 욱하지 않았을 것이다.

　몸무게를 재라는 말에 드러냈던 날선 눈빛보다도 더 차가운 눈빛으로 선생님을 쏘아보았다.

　"전 글은 못 써요."

　더 길게 말하면 파르르 떨리는 목소리를 들킬 것 같아 짧게 말했다.

　"우연은 잘 하는 게 많아."

　"글은 너무 어려워요. 전 못 써요."

　오늘따라 선생님의 말소리가 얼음 씹어 먹는 소리처럼 들렸다.

　'드드득.' 어금니와 차가운 얼음이 부딪히면서 내는 긁히는 소리 그리고 얼음이 깨질 때 내는 '아그작' 소리가 가끔 송곳처럼 고막을 뚫고 뇌까지 찌르는 느낌을 받을 때가 있다. 예민함이 폭발 직전이란 소리다.

　전 지금 매우 예민해요. 선생님 조심하세요. 터지기 일보 직전입니다. 저도 제가 왜 이러는지 모르겠지만, 지금 뭔가 잘못 건드신 거 같네요.

　내 상태를 느끼셨을까?

　"오늘은 뭐 하고 싶어?"

　"모르겠어요."

　"그럼 그냥 빈둥거려."

아니신 것 같다. 뭐라도 하라는 말이 빈둥거리라는 말보다 나았을 거다. 나 같은 백수한테는 조심해야 하는 말이다.

오늘은 자꾸 어디서 얼음 씹는 소리가 들린다. 거슬린다.

"다음 주에 봐!"

*

넘칠랑 말랑, 아슬아슬했던 내 웅덩이에 던져진 돌멩이 하나가 결국 물을 넘치게 만들었다.

넘치다 못해 곳곳에 생긴 균열들 사이로 질질질 새고 있다.

집에 돌아오는 길에 차에서 터져버린 분함.

소리를 질렀다.

아아아아ㅣㅁ아러ㅣㅁ아너림;ㅏㄴ어리;ㅏ멍니;라ㅓㅁ; ㅣ낭러;미ㅏㄴ얼;ㅣㅏㅁ넝;리ㅓㅓㅁㄴ이;ㅏ러미;나어리; ㅏㅁㄴ어리;ㅏ먼이ㅏ러ㅏㅣㅣㅏㄴ어리ㅏ멍ㄴ리ㅏ멍; ㅣ라ㅓ미;ㄴ아ㅓ리;마넝리;ㅏㅁ

아, 짜증난다. 진짜….

**치킨도 먹는데
못할 것도 없지**

SCENE #25

**뭐든 다 잘하는 게 장점이에요. 단점은
특출나게 잘하는 게 없다는 거예요.
난 애매해요**

"넌 이것도 잘할 것 같아!"

사람들은 나에게 종종 이렇게 말한다. 칭찬이지만 이런 말을 들을 때면 화가 치밀어 오른다.

'왜? 내가 지금 TV에 잘 나오지 않으니까? 연기에 재능이 없어 보여서 다른 게 더 잘 맞는 것 같아? 배우 하기엔 너무 뚱뚱해? 배우 할 상은 아니야?'

마음속 깊은 어딘가에서 이런 말들이 들끓지만, 입 밖으로 이 말을 내뱉은 적은 한 번도 없다. 겹겹이 쌓아놓은 나의 벽은 이럴 때 도움이 된다. 다만 이런 분노는 내 속에 있다가 화병을 불러 일으켜 얼굴이 갑자기 붉어지는 신체반응을 나타내곤 한다.

"얼굴 왜 빨개졌어? 더워?"

새빨개진 나의 얼굴이 뜻하는 바를 알 리 없는 사람들은 걱정하며 묻는다.

"괜히 부끄러워서요. 하하하, 화끈거리네요."

솔직한 표현이다. 다만 받아들이는 의미가 다를 뿐. 내가 부끄러운 이유는 별거 없는 내가 들킨 것 같아 그런 거지만, 사람들은 아마 칭찬을 받은 게 부끄러워서라고 생각할 테니. 다행히 분노의 방향이 다른 사람에게 돌아가진 않는다. 다만 나에게 향하기 시작한다.

다음 단계는 늘 그랬듯 아주 자연스럽게 시작되는 자책 타임.

'아! 내가 제일 잘하는 게 있네요. 스스로 질책하는 것.'

'그래, 맞아. 사실 지금 난 배우라는 직업에 걸맞게 하고 있는 게 뭐 하나 없어. 과연 난 연기를 잘하는 걸까? 난 왜 아직도 고정 역할을 따내지 못할까. 난 왜… 그래, 내가 부족하니까…. 내가 애매하니까. 왜 여전히 애매하니… 왜 더 잘하지 못하니….'

자책할 때면 절대 흥분해서 말하지 않는다. 차분하게 핵심만 잘근잘근 씹는 게 포인트다. 밖으로 소리가 퍼져 나가 부정적 에너지가 밖으로 분산되어서도 안 된다. 오롯이 나에게만 화를 쏟는 시간이다.

나의 자책능력은 아주 지능적으로 잘 발달해 있다. 고효율. 많이 움직이지 않고 효과를 가장 크게 주는, 전문가 이상의 수

준. 어떻게 하면 더 거슬리고 아프게 할까. 칼에 베인 상처가 아니라 종이에 베인 상처처럼 티 안 나게 상처를 내야 한다. 하지만 반드시 아파야 한다.

'그럼요. 전 다른 걸 더 잘해요. 자책은 누구보다 잘해요. 자책으로 돈 벌 수 있음 참 좋을 텐데 말이죠…. 아쉽네요.'

클릭 클릭 클릭
선생님은 아무래도 지뢰 찾기 게임을 하고 계셨나 보다.
그리고 이번에 누르신 버튼.
클릭.
지뢰다.
핵심 지뢰.
터지기 일보 직전.
변수. 그리고 늘 센 놈.

*

집으로 돌아와 소파에 누워 머리를 싸매고 있었다. 무엇을 하면 안 될 것 같은 그런 기분. 지금은 사람을 만나지 않는 게 좋을 것 같았다. 누군가 다칠 게 뻔하니까.

'지잉, 지잉.'

탁자에서 울리는 진동 소리. 그리 멀지도 않은 거리, 고작 소파와 탁자 사이의 거리인데 손을 뻗는 게 이렇게 어렵다니. 전화는 계속해서 울린다. 심호흡을 하고 받아야지. 분노가 흘러나오던 구멍을 간신히 틀어막고 전화를 받는다.

오빠다.

그리고 한동안 멍….

다쳤다.

'누가?'

엄마가.

**치킨도 먹는데
못할 것도 없지**

터닝 포인트 (Turning Point)
어떤 상황이 다른 방향이나 상태로 바뀌게 되는 계기 또는 그 지점.
나란 인간이 바뀔 수 있는 시기. 적어도 바뀌어야 한다고 느껴야
하는 시기가 왔다.

클라이맥스
이 글도 클라이맥스에 도달했습니다.
이 인물은 외부적인 위기에 봉착하게 됩니다.
그리고 그 위기를 가장 사랑하는 사람인 엄마라는 인물을 통해
겪게 됩니다.

PART 7

터닝 포인트

SCENE #26　**대퇴부가 되고 싶다**

차라리 내가 다치는 게 나았을 텐데
자신을 괴롭히고 싶어서 안달 난 내가 다치는 게 맞는데
자책이 특기인 나는 고통을 더 잘 견딜 수 있는데.
원래 모든 사고는 갑자기 일어난다. 변수가 일상이니까.

전화를 받고 달려간 병원, 병실에 누워있는 엄마의 모습을 마주했다. 살면서 처음 보는 모습이라 너무 생소했다. 수술을 앞둔 엄마를 보자니 마음이 싱숭생숭했다.
"대퇴부가 부러지셨습니다."

*대퇴부는 우리 몸에서 가장 큰 관절로,
상하체를 연결하며 움직임에 있어 중요한 역할을 한다.*

충분히 울 만한 상황이었지만 눈물이 나진 않았다. 대퇴부의 소식을 듣기 전까지 내 마음에 칼을 들이밀며 실컷 난도질하고 있던 터라 감정이 이미 한 차례 다 쓰인 상태였다. 감정이 채워지려면 시간이 걸린다. 그리고 그동안 나는 이성적인 상태를 유지할 수 있다. 지금 이 시점엔 매우 도움이 되는 상태.

힘들어하는 엄마. 그 고통을 바라보며 아프다 못해 아려하는 아빠. 그리고 그 모습을 지켜보며 조용히 견디는 오빠. 이 모든 모습을 지켜보고 있는 나. 내 감정의 양동이는 이들의 감정을 전부 채울 수 있을 정도로 텅텅 비어있다. 이 모든 걸 이성적으로 바라볼 수 있다. 그리고 눈물 대신 튀어나와 버린 무의식의 한마디.

이때야말로 내가 중요한 역할을 할 기회가 아닐까?
쓸모 있는 인간이 되자.
대퇴부가 되자.

**치킨도 먹는데
못할 것도 없지**

SCENE #27

**위기가 편안한 인간,
그냥 원래 불안한 인간이라**

불안한 인간에게 있어 불안이라는 감정은 이질적이지 않다.
오히려 잘 섞인다.
불안한 상황은 내 불안을 숨길 수 있는 아주 좋은 핑계가 된다.
오히려 좋다.
이상할 정도로 긍정적인 불안한 인간.

병원은 나의 예민함과 아픔을 숨기기 좋은 곳이다. 자칫 잘못하면 누군가를 베어버릴 만큼 날카롭게 서 있던 나의 상태가 티 나지 않는 이곳에는, 다른 의미로 날 선 사람들이 많다.

병원은 아픔으로 시작되는 곳
내가 가진 아픔을 잘 숨길 수 있는 곳
내가 아픈 곳이 들통 나지 않는 곳

불안으로 시작해 안심

다른 사람의 아픔을 보고 위안을 느끼다니
왜 자꾸 묘한 안정감이 드는 걸까

**치킨도 먹는데
못할 것도 없지**

SCENE #28 내가 주연이야

제목	의정부 백병원에서
역할	대퇴부(보호자)
특징	병원비는 걱정하지 않아도 되는 보호자
인물의 과제	감사함과 창피함을 동시에 느낀다. 양가적 감정을 계속해서 느끼면서 그 감정을 들키지 않으려고 연기하는 것이 핵심.

병원비를 '안 내는 게' 아니라 '못 내는' 상황이라는 점에서 창피함을 느낀다. 하지만 이런 마음은 절대 드러내서는 안 된다. 그런 감정은 걱정이나 슬픔으로 표현해야 한다. 여기서는 눈물이라는 수단을 사용하지 않는다.

대퇴부는 아빠, 오빠 역할이 해줄 수 없는 걸 대신해줄 수 있는 역할. 그리고 그

부분에서 내적으로 뿌듯함과 안도를 느끼는 인물. 외부에서 받는 칭찬은 그녀의 공허한 부분을 채우는 연료와 같다.

#1. 병실 (2인실) / 점심시간

〈칭찬은 입맛을 떨어뜨린다〉 타이틀 인.

2인실이라고 하기엔 너무 작은 병실 안에 두 개의 베드가 나란히 놓여 있다. 그리고 두 명의 여성 환자가 누워 맞은편에 걸린 TV를 보고 있다. 임영웅 노래를 감상 중인 두 중년 여성. 그 옆에는 대퇴부 엄마의 친구가 앉아있다.

엄마 친구   보호자가 잘 먹어야 해.

대퇴부는 그저 웃는다.

**치킨도 먹는데
못할 것도 없지**

대퇴부의 속마음.

병원에서는 입맛이 없다. 사실 누구라도 입맛이 없을 만하다. 아무리 쾌적하게 꾸며도 묘하게 다운되는 건 병원이라는 공간의 특징이다. 게다가 병원 전체에서 풍기는 소독약 냄새, 여기저기 보이는 소독약 자국, 거즈, 바늘 그리고 오히려 청결하지 않은 느낌의 화장실과 병실까지. 오래된 병원일수록 이런 얼룩은 절대 빠지지 않는다.

'극심한 스트레스로 입맛이 떨어졌구나'라고 생각하겠지만, 힘들어서 입맛이 없는 게 아니다. 칭찬이 내 식욕을 사라지게 했을 뿐.

*

2주 반이라는 시간 동안 엄마의 대퇴부는 열심히 회복 중이었다. 사실은 회복 이상이었다. 성장. 그리고 잠시 그 역할을 맡고 있던 나는 이제 마음의 준비를 해야 할 때라는 걸 알고 있다.

역할을 보내줘야 할 때가 다가온다.

하지만 지금은 그냥 대퇴부로 살고 싶다.

편안할 때 위기는 찾아오는 법.

CUT CUT CUT
NG NG NG NG

**치킨도 먹는데
못할 것도 없지**

SCENE #29　　**나 또 단역이었어**

"내일 일 없어? 네 일 해."

아빠의 입에서 툭 던져진 이 말은 내가 맡은 '대퇴부' 역할의 분량이 끝이 났음을 알려주는 큐 사인이었다. 알고 보니 주연이 아니라 단역이었네, 또.

대퇴부는 조용히 병실 밖으로 나와 집으로 향한다.

어디에도 (눈물이 흐른다) 라는 지문은 없다. 하지만 난 갑자기 눈물이 차오르는 걸 느꼈다. 만약 이 타이밍에 눈물이 나온다면 이건 NG다.

정말 하마터면, 엄마, 아빠, 아주머니, 보호자 아저씨 앞에서 갑자기 주저앉아 울어버릴 뻔했다.

내일 일 없어? 없어? 없어? 없어? 없어?
'없어'는 세상에서 가장 날카로운 말이다.
응… 나 일이 없어. 여기 말고는 일이 없어….

 들켜 버렸다. 잠시나마 나는 쓸모 있는 인간이구나 하고 생각하면서 현실을 회피하는 중이었는데. 숨기고 싶은 감정을 들켰을 때 그걸 겸허히 받아들일 수 있는 인간은 몇이나 될까? 나의 수고를 알아주지 못하는 말 같아 서운함에 눈물이 날 뻔한 게 아니다. 내가 한심하다는 느낌이 들어 눈물이 날 뻔했다.
 의도하지 않은 말이기에 더 아프기도 했다. 전혀 의도하지 않은 말, 뼈가 없는 말에도 난 흔들릴 만큼 나 자신을 한심하다 느끼고 있기 때문이다.
 "얘도 바쁜데 오는 거야. 얘가 없었으면 내가 여기서 뭘 어떻게 해."
 "그래, 난 너무 부럽던데. 이런 딸이 어딨어…."
 그동안 내가 이 병실에서 만들어 놓은 평판은, 딸이 걱정되지만 낯가지러워 말을 짧게 (사실은 진짜 핵심을 찌른 말을) 내뱉은 아빠를 '엄마를 위해 고생하고 있는 착한 딸에게 수고한다고도 말해주지 않는 인색한 아빠'로 만들기 딱 좋았다.

엄마와 아주머니는 나의 대변인을 자처해, 아빠가 더는 어떠한 말도 하지 못하도록 쉴새 없이 나에 대한 칭찬을 이어나가셨다.

그동안 나를 춤추게 했던 칭찬이 나를 더 초라하게 만들었다.

'진짜 사라지고 싶다.'
'나의 존재는 쓸모없다.'

그리고 갑자기 배가 고팠다.

"나 밥 좀 먹고 올게."
간신히 울음을 참고선 재빨리 병실 밖으로 나왔다. 입술을 꽉 깨물며 어떻게든 차오르는 눈물을 막으려는 나의 모습을 마스크 덕분에 들키지 않을 수 있었다.

하지만
들키고 말았다.

나… 지금 내 삶이 매우 만족스럽지 않다는 사실을.
나한테 말이다.

쪽팔려.

엄마… 나 사실… 일 없어….
이곳이 아니면 내가 쓸모 있는 곳이 없어….

 이런 말을 해도 될까? 병원으로 오는 날이 나에겐 휴가 같았다. 그리고 단순해졌다. 내가 할 일이 명확하니까. 힘들지만 안 힘든 그런 기분. 엄마의 사고 앞에서 이런 감정을 느끼는 나를 이해할 수 없다. 난 정말이지 이기적인 인간이다.

*

도피 휴가.

 코로나에 걸려 일주일 동안 강제로 휴가를 받았을 때 나는 안심했다. 매일매일 할 거 없는 내가 공식적으로 쉬어도 된다고 허락받은 날이니까. 내가 증명하지 않아도 되니까.

 비슷한 느낌이었다. 내가 지금의 애매한 상황에서 벗어날 수 있는 역할이었다. 대퇴부가 된다는 것은. 대퇴부가 아닌 나의 일상이 불만족스럽다는 사실을 잠시 마주할 필요가 없어지니까.

그리고 그걸 깨 버린 한마디,

"네 일 해."

이 말에는 아무 잘못이 없다. 다만 내 삶에 만족하지 못하고 있는 나 자신의 잘못일 뿐.

*

입 터졌다.

열림과 터짐은 엄연히 다르다. 과식 정도였다면 난 '입이 좀 많이 열렸었네요'라고 얘기했겠지만, '터짐'이라는 단어를 사용할 땐 '극에 달할 정도로 강하게', 내가 손 쓸 수 없는 상태를 뜻한다. 음식을 먹을 때 가장 기본이 되는 맛을 느끼고 만족감을 느끼는 과정이 과감히 삭제되고 뚫린 입에 마구 음식을 집어넣어 배가 터지나 안 터지나 기다리는 일방적인 고문 방식.

SCENE #30　　**나에게 과자는 칼이다**

　병원에서 나와 바로 집으로 돌아왔다. 그리고 집 앞 편의점을 들렀다. 들어가자마자 입구 옆에 놓인 바구니를 들고 과자 코너로 향했다. 손을 뻗어 과자를 집어들곤 바구니에 던지듯 담는다.

　딱딱함. 표면이 거침. 날카로운 가장자리. 이 세 가지 조건이 충족되어야 한다. 입에 넣었을 때 쉽게 으스러지지 않고 날카로운 모서리들이 혀와 입천장을 찌르기 충분해야 한다. 과자들이 부서지면서 내는 소리와 충격은 뇌리에 그대로 전해져 정신을 혼미하고 신경을 거슬리게 만들 정도가 되어야 한다. 아무리 잘게 부서진다 해도 그 입자들이 모래알처럼 거칠어서 쉽게 녹지 않아야 하고, 덩어리가 졌을 때에는 쉽게 휩쓸려 내려가지 않아 목구멍에 탁 걸리는.

　위협 그리고 누군가를 해하기에 충분한 과자들.

　매우 달고 침으로도 쉽게 녹는 과자들도 몇 가지 담는다. 회유하기 위한 수단. 불편한 이물감이 입안에 남아 더 먹기를 거부할 때 부드럽고 단 음식으로 회유하며 속인다. 그럼 아주 쉽게 농락당할 내 몸이란 걸 안다.

가득찬 바구니를 계산대로 가져와 탁 내려놓는다.

'삑 삑 삑 삑'

한동안 바코드 찍히는 소리가 계속된다.

"봉투 드릴까요?"

하고 묻는 편의점 직원의 눈을 쳐다보지 않는다.

"네."

고개는 들지 않는다. 바로 카드를 건넨 후 결제가 완료된 도구들을 가지고 나온다.

그리고 아무도 볼 수 없는 공간으로 나를 끌고 들어간다.

*

주말 동안 일어난 나의 자취방 범죄는 날 엉망으로 해쳐 놓았다.

와그작 와그작 바스락 득득득득

과자 부서지는 소리, 잠시 후 정적. 그리고 다시 들리는 과자 부서지는 소리. 그리고 다시 정적.

반복 그리고 또 반복.

수치심이라는 감정이 밀려 들어온다.

까질대로 까져서 쓰라린 입천장과 혀, 그리고 텁텁한 목구멍.

버틸대로 버티다 이미 나에게 질려 파업을 선언한 더부룩한 위.

이 모든 걸 그대로 보고만 있었던 이 몸뚱어리의 주인.

'뭐라도 채우면 채워질까 싶어서요. 순간 느껴지는 만족이라도 있었으면 해서….'

하지만 채우면 채울수록 불만족만 채워지는 중.

배는 절대 안 터져요. 그냥 괴로울 뿐.

숨도 못 쉴 정도가 되어서야 드디어 느껴졌다. 배가 터지기 일보 직전이지만 절대 터질 리 없다는 것 또한 알고 있다.

가끔 나 자신이 한심하다고 느껴지는 순간이면 제삼자의 눈으로 나를 보는 능력이 생길 때가 있다. 일명 씨씨티비 시선.

그리고 지금 이 순간, 거실 식탁에 앉아 음식으로 무지막지하게 자신을 위협하던 내가 보인다. 습관적으로 머릿속에 떠오르는 한 문장까지 함께 포착된다.

'살찌면 어떡하지.'

**치킨도 먹는데
못할 것도 없지**

후회막심. 자괴감. 수치심. 괴로움.

더부룩함이 사라지기 전까지는 이 고통이 계속된다는 걸 경험상 안다. 그렇다면

뱉어내자.

'내 몸이 너무 괴롭잖아. 내 몸을 위한 일이야.'
'이제 와서?'
챙기는 척 연기하는 나에게 가증스러움을 느낀다.

터덜터덜.
부풀 대로 부푼 배를 잡고 화장실로 들어가서 문을 닫는다.
변기와 마주한 지금 이 순간.
이젠 토해야 한다.

ㅇㅜ…‥ ㅇㅜㅔ…ㄱ…….

온몸의 피가 거꾸로 솟는다. 얼굴이 새빨개진다. 눈물이 고이기 시작한다.

눈물, 콧물, 그리고 침.

뱉어낸다.

이게 바로 먹토.
먹고 토하기.

**치킨도 먹는데
못할 것도 없지**

SCENE #31　　**피할 수도 없고 즐길 수도 없어**

여전히 화장실이다. 새빨개진 얼굴이 거울에 보인다.
거울 효과.
제일 낯설고 무서운 내 모습이다.

80일 간 훈련을 통해 많이 나아졌다고 생각했다.
하지만 난 입만 번지르르해졌다.
자기계발서에 나오는 말들을 더 힘 있게 뱉을 수 있는
사람이 되었고
남들 앞에서 더 멋있는 척할 수 있는 사람이 되었다.

꼴리는 대로 해라.
쉬어라.
남겨서 해라.
충족해라.

그럼에도 불구하고
한다 안 한다.
원해서 해라.
훈련이다.
쎈 놈하고 붙어라.

이 모든 말들을 난 누구보다 열심히 알아듣고 이해했다고 느끼며 입 밖으로 뱉었다.
하지만 난 그저 음식이나 먹고 뱉어 버린 사람이다. 상황은 변한 게 없다.
여전히 난 쓸모없는 인간이다.

*

Top point
[토하다. 먹은 것을 삭이지 못하고 도로 입 밖으로 내어놓다]

   드디어 화장실 밖으로 나왔다. 80일이란 기간 동안 가장 괴로운 시간이었다. 먹고 토하는 내 모습을 다시 마주할 줄이야.
   화장실에서 나와 널브러져 있는 과자봉지와 부스러기들을

**치킨도 먹는데
못할 것도 없지**

쓰레기봉투에 담았다. 그리고 밖으로 나가 조용히 쓰레기를 버렸다. 집으로 돌아와서 멍하니 핸드폰을 열었다.

내 감정 쓰레기통 창구를 열었다. 선생님과의 훈련 중 가장 기본적인 규칙. '모든 상황을 솔직하게'는 이미 어긴 지 오래다. 지금도 거짓말을 할 생각이다. 이렇게까지 훈련을 했는데 결국 토까지 했다는 말을 보내는 건 너무 끔찍하다. 그래서 선택적으로만 정보를 보내 보려 한다.

- 우웩
- 모든 게 엉망이다.
- 내가 쓸모없는 인간처럼 느껴져요.
- 더는 이렇게 살고 싶지 않아요.
- 그렇다고 죽고 싶지도 않아요.
- 진짜 괜찮아지고 싶다.
- 우웩

뱉어냈다.

*[**토하다.** 느낌이나 생각을 소리나 말로 힘 있게 드러낸다]*
End point

*24시간 365일을 1분 1초도 쉬지 않고
내가 계속 나를 데리고 사는데
그게 너무 버거운 느낌
아는 사람?*

보기 싫은 게 생기면 안 보면 그만이잖아요. 저도 그래요.
내 몸이 싫고 내가 너무 싫은데
얘는 안 볼 수도 없고
심지어 그냥 나로 살아야 하는데 이게 너무 미쳐버릴 것 같아요.
몸무게가 덜 나가면 덜 버거울까 싶은…

밑 빠진 독에 물 붓기. 왜 밑이 빠져 있을까… 도대체 누구야.
아무리 채워도 채워지지 않는다.
불만족.

**치킨도 먹는데
못할 것도 없지**

SCENE #32   **불만족스럽다**

배우의 앞면 백수. 나의 삶이 만족스럽지 않다.

사람마다 자신을 해하는 도구가 있을 것이다. 적어도 나에겐 있다. 그게 바로 음식. 내 세상에서 음식은 오랫동안 누명을 쓰고 지내는 중이다. 그럼에도 음식은 나에게 살아있다는 걸 느끼게 해주는 자극제이기도 했다. 다만 좀 아프게… 그 감각이 만족감이 아니었을 뿐.

음식을 무자비하게 토할 정도로 먹는 순간. 다이어트를 한다고 절식하는 순간.

내 삶이 너무 한심하다 느껴질 때 이 모든 행동이 시작된다. 내가 나를 벌하기. 한심하니까. 싫어하니까.

"당당히 자백하자면요,
난 나를 괴롭히고 나를 죽이려 했습니다.
왜냐하면 내 삶이 너무 만족스럽지 않아서요."

퀭한 눈으로 선생님을 보며 말했다.

누가 봐도 잘살고 있는 사람. 큰 문제가 있을 것 같지 않은 사람. 모든 상황이 나쁘지 않은 그런 사람. 어려울 거 없이 자란 사람인데, 난 생기 없는 동태 눈깔을 하고 앉아 있다.

"일, 관계는 내 맘대로 안 돼."

선생님의 툭. '그건 네가 열심히 안 해서 그런 거야'라는 말을 들을까 봐 무서웠다. 하지만 선생님은 내 결과만 보지 않으셨다. 내 과정 속 노력을 무시하지 않으셨다.

"아직은 훈련이 부족해서 그래. 훈련을 더 하면 돼."

사실도 말해 주셨다. 오히려 받아들이기가 편했다.

"불만족에서 시작하면 항상 0이야. 영 곱하기 영은 영. 불만족을 채우기 위해서 노력하면 아무리 열심히 노력해도 결과가 그냥 0이라는 거야. 그러다 시간이 지나면 다시 불만족으로 돌아가고. 일단 시작이 만족이어야 해."

선생님의 말이 들린다. 또렷하게. 죽은 동태 눈깔이 다시 살아나는 기분이다. 선생님은 말을 이어가셨다.

"내 마음과 몸의 만족이 우선이야. 일이나 관계는 마음대로 안 되거든. 내가 변하고 싶어도 변할 수가 없어. 그런데 마음과 몸은 내 마음대로 할 수 있지. 우선 내가 내 마음, 몸에 만족할 줄 알아야 그다음을 할 수 있다는 거야."

다 토해내고 났더니 공간이 생겼나 보다.
그 빈 공간에 선생님의 말이 들어와 제일 잘 보이는 자리에 둥지를 튼 기분.
"선생님, 저 이제 뭘 해야 해요?"
"지금 당장 할 수 있는 일을 해. 꼴리는 대로."
선생님은 다 아는 걸 왜 물어보냐는 듯한 말투로 무심히 툭 던져 주셨다.
"당장 할 수 있는 일이 없어요."
"왜 없어?"
"촬영이 없어요…."
"지금 당장 우연 마음대로 할 수 있는 일 있잖아."

그냥 지금 할 수 있는 일을 해.
할 수 있는 일 많아.

'네가', '스스로'
할 수 있는 일이
정말 많아.

**치킨도 먹는데
못할 것도 없지**

SCENE #33 **당장 할 수 있는 일이 없어서**

'당장 할 수 있는 일이 없다니까요?'

'배우가 촬영이 없는데… 일이 없는데… 선생님은 선생님의 일이 있으니까 쉽게 툭 던지실 수 있겠지만, 선택을 받아야 하는 처지인데 선택받지 못한 저는 지금 당장 할 수 있는 게 없어요.'

차마 선생님 앞에선 하지 못했던 말이다. 30분 전까지만 해도 고마운 마음만 가득 차있었지만, 연속 재생 버튼을 눌러놓은 테이프처럼 '지금 당장 할 수 있는 일'만 반복해 얘기하는 선생님에게 괜히 짜증을 내고 싶었다.

가뜩이나 비어있는 속이 더 허하게 느껴졌다. 내 문제를 알았고 그 감정을 마주했지만 내가 바꿀 수 있는 상황은 아무것도 없다는 게 얼마나 한심하게 느껴지는지….

'만족에서 시작? 후….'

순간 욱하는 마음이 올라왔다.

그래. 지금 이런 내 모습이 전혀 만족스럽지가 않다고!

어떤 모습?

일이 없는 내 모습.

그럼 일을 해.

일을 안 하는 게 아니라 못 하는 거라고.

왜?

없으니까.
날 불러주는 곳이 없다고.

그럼 다른 걸 해.

다른 거? 못 해.

왜?

장난해?
난 배우니까.

난 배우니까,
난 무명 배우니까.

너의 이름은?

나도 할 수 있는 건 많아. 할 줄 아는 것도 많아.
특출나게 잘하는 건 없어도 못 하는 것도 없어.
하고자 하면 할 수 있는 건 많은데

**치킨도 먹는데
못할 것도 없지**

내가 지금 집에 백수로 있는 이유는
선택을 받지 못했으니까.
기다리는 거야.

　　　　　　　　　　　선택을 꼭 받아야 해?
　　　　　　　　　그러다 평생 선택 안 되면?
…될 거야.

　　　　　　　　　　　　만약에 안 되면?
….

　　　　　　　　　　너의 삶이 있을 거 아냐.
그게 배우야.

　　　　　　　　　아니, 너의 삶 . 너 말이야 너
　　　　　　　　　　　　직업 말고 너
나?

　　　　　　　나.
우연의 삶. 우연의 일상.
　　나나나나나나나
　　　　나나나나
　　　　　나
　　　　　나
　　　　　나
　　　　　나?

.
.
.
.
!

내 세상에 나는 없다.
내 세상의 주인은 내가 아니다.

드디어 진짜를 마주했다

자신에게 던지는 질문이 날카로울수록
때로는 그 답이 나를 괴롭힐 수 있다.
하지만 그건 순간일 뿐이다.

그 답을 담담히 마주해야 다음이 있다.

수정을 하든,
새로운 선택을 하든.

치킨도 먹는데
못할 것도 없지

PART 8

진짜 마주하다

SCENE #34　　**내 마음대로 되는 일이 없지만은 않아**

절대공식이지만

나에게만은 적용되지 않았던 공식.

내가 먼저. 그런 다음 내 관계와 내 일.

8년 전 배우 활동을 시작하게 해 준 첫 공개 오디션을 볼 때였다. 자유연기를 준비하라는 말을 듣고 생각했다. '나를 보여 줄 기회구나!' 지금은 상상할 수 없을 정도로 열정과 에너지가 가득했던 나는 초보자의 용기로 대사를 직접 적었다. 결국, 연기라기보단 내 얘기를 했다.

"감독님은 꿈이 뭐예요? (정적) 제 꿈은 행복하게 사는 거예요. 그래서 저는 이 일(연기)을 하기로 했어요"를 첫 마디로 내뱉었다. 그리고 2분 동안 자유연기가 계속됐다.

놀랍게도 난 오디션에 붙었고 당당한 새싹 배우가 되었다. 이후, 나는 조금씩 연기 활동을 할 기회들을 얻게 되었다. 가끔

감독님들과 얘기를 나누거나 인터뷰를 할 때면 나는 늘 이렇게 얘기했다.

"만약 어느 순간 제 인생이 배우를 하면서 불행하다 느껴지면 전 배우를 그만둘 거예요. 배우는 직업일 뿐이지, 제 인생 전체는 아니니까요."

8년 전의 나는 참 당당했다. 저 말에 거짓은 없었다. 해보고 싶었던 일을 직업으로 선택했다는 데에 자부심과 만족을 느끼고 있었기 때문이다.

하지만, 너무 사랑했던 탓일까?

나는 배우라는 직업에 상당히 몰입하기 시작했고 건강했던 우리 관계의 균형이 흔들리기 시작했다.

'안녕하세요, 저는 장우연입니다. 연기활동을 하고 있습니다.' 였던 내 소개가 어느새 '안녕하세요, 저는 배우 장우연입니다.'로 변해 있었다. 시간이 지날수록 나 자신으로 존재하는 것이 아니라 배우가 되기 위해 태어난 사람처럼 행동하기 시작했다.

돌이켜보면 다이어트에 대한 강박이 시작된 것도 이때였다. 외모에 대한 불만족이 있었지만, 수술하기엔 너무 무서웠던 나는 살에 더 집착하게 되었다.

계속 작품을 해 나가고 있다는 성취감에 나의 상태를 점검할 필요도 느끼지 못했다. 나를 잃어 가면서 자신을 무명으로 만들고 있었다는 것을 깨달아야 할 타이밍이었지만, 그 순간 내가 '거안사위(.)쩜 : 편안할 때 위기를 생각하라'라는 무기를 가지고 있다는 것을 까마득히 잊었다.

이후에도 난 계속해서 오디션을 보며 역할을 따내는 것에만 미친 듯이 집중했다. 하지만 잘하고 싶다는 마음과 집착이 커지면서 오디션을 볼 때면 부담감에 휩싸이기 시작했고, 결과는 기대와 희망도 없는 낙방이었다. 오디션에 떨어지는 횟수가 늘어나면서 배우의 이면인 백수로 살아가는 기간들도 비례적으로 길어지기 시작했고, 나라는 사람의 가치와 자존감은 반비례해 바닥까지 급격히 떨어졌다.

새싹에서 N년 차 배우로 수식어가 바뀔 만큼 시간이 흘렀지만 난 원하는 작품들에 들어가지 못했다. 그럴 때마다 배우라면 당연히 해야 하는 관리라 말하며 다이어트에 집착했다. 그 후 음식에 강박이 생겼고, 결국 식이장애를 겪게 되었다.

나와 배우를 동일시하는 것도 모자라 심지어 배우라는 타이틀이 내 머리 꼭대기 위로 자리 잡는 것을 보고만 있었다. 그 결과, 타이틀이라는 틀에 갇혀 버렸다. 내 능력을 담는 데 사용되었던 틀이 어느새 나를 가두는 감옥이 되었다.

치킨도 먹는데
못할 것도 없지

배우 안에 내가 갇혀 있었기에 스스로 할 수 있는 일은 없었다.
배우로 잘 되지 못하는 건 곧 내 인생도 그렇다는 것이다.
배우로서 만족스럽지 않기에 나도 만족스럽지 않다.
배우 생활이 내 생활. 내 일상은 중요하지 않다.

'내 인생의 키를 배우에게 넘겨 줬다.'

그리고 그 대가로 내 일상을 잃어버렸고
소소한 감각들을 느끼지 못하는
무명. 무감각 인간이 되었다.
당장 내 삶에 만족을 느낄 수 없는 이유다.

그리고 이 모든 선택은 과거의 내가 직접 내린 것이다.
이게 내가 마주해야 할 진짜다.

내 마음을 온전히 유지하지 못할 정도로
날 잃게 하는 관계는 옳지 않다.

배우와 나와의 관계.
내가 너무나도 사랑했던 관계.

'너를 위해 모든 걸 다 할 수 있어'가
'너 때문에 아무것도 할 수 없어'로
변하는 순간,
더이상 건강한 사랑이 아니다.

진짜를 마주하자.

치킨도 먹는데
못할 것도 없지

SCENE #35 **내가 그러기로 했다**

꼬리에 꼬리를 물고 파고들었던 '마주하기'의 끝엔 결국 '내'가 있었다.

나의 잘못된 선택. 잘못된 선택을 한 나.
씁쓸함과 함께 후련함도 느껴진다.

그리고 지금의 나는 어느 때보다 담담하다. 이미 온갖 저항을 하느라 가지고 있던 모든 힘을 다 써버렸기에 놀랄 힘도 거부할 힘도 없었다.

반박할 수 없는 사실을 '찐'으로 마주하자 바로 인정할 수 있을 만큼의 상태. 마지 못해 하는 인정이 아니라, 지금이라도 인정할 수 있게 되어 다행이라는 마음의 인정이다.

진짜 마주하기의 결과. 그러니 매우 희망적이다. 과거의 내가 내린 잘못된 선택이니 지금의 내가 바꾸면 된다.

'당장 내려놓는다.'
'배우를.'

내려 놓아야겠다.

　배우를 그만두겠다는 말은 절대 아니다. 배우를 내 인생의 주인으로 모시고 살았던 나의 한심한 행동을 그만두겠다는 소리다. 왜냐하면 나는 연기를 여전히 미친 듯이 좋아하고, 연기하고 있는 장우연을 사랑하기 때문이다.

　연기하는 동안 나는 성장했다. 그리고 배우로 살아가는 과정들을 게으름피우지 않고 열렬히 하나하나 밟아왔다. 새로운 시나리오와 역할들에 가까워지는 과정들을 통해 살아있음을 느끼고 표현할 수 있음에 희열을 느끼기도 했다. 함께했던 동료들과 깊은 교감을 나누며 보냈던 그 시간들, 그리고 이 과정들을 늘 응원해줬던 날 사랑해준 사람들의 마음도 나에겐 정말 귀중하다. 연기를 할 수 있다는 그 자체만으로 난 행운아였고 세상에서 가장 행복한 사람이었다. 이렇게 빛나는 시간들을 스스로 주인답게 굴지 못한 '나'의 줏대없는 행동 때문에 부정당해선 절대 안 된다. 나를 괴롭혔던 건 '배우'가 아니다. 스스로 돌보지 못하고 주인의 자리를 지키지 못했던 '나 자신'이다.

**치킨도 먹는데
못할 것도 없지**

나 그리고 배우라는 직업을 모두 건강하게 지키기 위해
내 머리 위에 있는 배우를 다시 내 밑으로 재배치한다.

절대공식을 내 삶에도 적용하자.

[내가 먼저, 그리고 내 관계. 내 일.]

[배우 아래 장우연]을
[장우연 아래 배우]로.

내가 그러기로 했다.
모두의 행복을 위해.

인생이란 원래 내 마음대로 되는 게 아니다.

아니다.
내 마음대로 될 수 없는 것만 보고 있는 거다.

SCENE #36 **달라진 건 없는데 달라졌다**

시간은 꾸준히 흘렀다. 새로운 하루들을 수차례 지나 엄마는 퇴원해 재활을 시작했다. 엄마의 대퇴부는 매일 성장 중이고 다른 가족들도 엄마의 대퇴부 성장을 응원하며 각자 삶 속에서 자신의 중심축으로 하루를 살기 시작했다.

그리고 나는 '나'를 삶의 주인으로 복귀시킨 후, '꼴리는 대로'를 외치며 원하는 것들을 하나씩 시도해 보고 있다.

글을 쓰라던 선생님의 말에 매우 발끈했지만, 난 글을 쓰기 시작했다.

연기도 하고 연출도 한다.

아직도 가끔 폭식을 해서 여전히 훈련을 한다.

음식과의 사이도 많이 좋아졌다.

음식은 더는 나를 괴롭히는 도구가 아니라 나의 상태를 말해주는 알림으로 받아들이게 되었다.

치킨도 먹는데
못할 것도 없지

심지어 이젠 음식을 즐기기도 한다.

내 몸과 나는 한 팀이 되어가는 중이다. 물론 자주 삐걱거린다.

처음 상담을 받을 땐 100일이 지나면 48kg로 무게를 가진 나로 변해있을 거라 생각했지만

난 여전히 48킬로가 아니다.

달라진 게 없어 보이지만

많은 게 달라졌다.

내가 가진 문제가 '살'이 아닌 '내 삶을 대하는 내 마음'이었음을 마주했다.

내 속을 파헤치듯 모든 마음을 적나라하게 바라보는 고통스러운 시간을 보내면서 텅 비어있던 내 중심에 강인하면서도 유연한 무게감 있는 생각들이 하나둘씩 나도 모르게 채워져 있었다.

48kg이 되기엔 내 생각의 무게는 대단히 무겁다.

그냥 하기가 아니라 원해서 하기.

불만족에서 시작하면 결국 0이다.

변하고 싶다면 만족에서 시작해라.
꼴리는 대로 하기.
나는 오늘이 가장 젊다.
나는 오늘이 제일 풍족하다.
거절해라.
다시가 아니라 새로.
빈둥거리기.
남겨써라 나를 위해.
그럼에도 불구하고.
훈련은 잘하는 게 아니다.
오늘해라.
내가 우선이다.
잃을 것도 없다. 그리고 못할 것도 없다.

지금의 나는

내가 원한다면 **못할 것이 없는 인간이다.**

치킨도 먹는데
못할 것도 없지

OUTRO

그래서 말입니다.

갑자기 또 존댓말이 나왔다는 건 제가 또 무언가 부탁하고 싶다는 뜻이란 걸 아실 겁니다.

내 속을 훤하게 보이는 것 같아 불안한 마음을 안고 시작했지만, 지금은 제 속을 훤하게 보셨을 거 같아 다른 의미로 불안하네요.

이 글을 시작했을 때 밑밥을 열심히 깔았던 것처럼 지금도 미리 말씀드립니다.

이제 제 얘기를 마무리해야 할 것 같습니다.

공손하게 부탁드립니다.

우리 함께 즐거운 마무리를 해 보아요.

함께.

장우연 올림.

*

이제 막 마주했을 뿐인데 바로 마무리라니.

여기까지 읽어주신 분들은 '우연'이라는 인물이 나오는 영화에서 인물의 과거가 막 소개된 후 바로 이야기가 끝나버리는 것 같은 황당한 느낌을 받으실지도 모르겠다.

그래서 미리 감사한 마음을 한보따리 내려놓고 처음에 이 글을 읽으 실 때 먹은 '열린 마음'을 조금 더 열어 주시기를 부탁하며 진짜 마무리를 하려한다.

'마주하기'가 시작이고
'마주하기'가 곧 해결책이라는 내 결론이 났기 때문이다.

세상에는 아픔 없는 사람 없고 어두운 면이 없는 사람도 없다. 다만, 자신의 세계 속에서 각자의 문제를 안고 살아가는 것이기에 누구에게건 같은 아픔은 없다. 각자가 마주해야 하는 부분이 다를 테고, 그에 따른 해결책도 모두 다르게 나올 것이다.

지금 내가 할 수 있는 최선의 말은 자신을 마주하는 일을 꼭 해 보라는 것뿐이다.

치킨도 먹는데
못할 것도 없지

마주하다 나오는 어떠한 모습들이 때로는 자신을 미친 듯이 괴롭히고 흔들지도 모른다. 그럴 때마다, 치킨 한 조각 제대로 못 먹었던 나란 사람도 그 과정을 겪고 오늘의 나로 지나왔다는 것을, 위안이든 응원이든 도움이 되는 방향으로 마음껏 이용하길 바랄 뿐이다.

지극히 개인적인 나의 삶의 리뷰가 다른 누군가에게 자신의 세계를 '마주해보는 것'에 대한 마음을 먹는데 티스푼만큼의 무게라도 없었다면 난 그걸로 만족한다. 아니, 만족 그 이상이다.

오!
내가 만족이라는 말을 하게 되었다.

앞으로 배우라는 직업을 계속 갖고 살아갈지, 아니면 다른 일을 찾을지는 잘 모르겠다.
하지만 이 글을 마무리하면서 한 가지 확신하는 게 있다.

내 삶에 만족할 수 있는 사람이 되기 위해 '할래 말래?'라는 단순한 질문을 던지고, '원해서 할래'라는 답이 떨어지면 그와 동시에 '꼴리는 대로 하자'는 말, '오늘만 살 거야' 그리고 '오늘이 충분하다'는 말을 지겹도록 외친 후 당당히 시작할 거라는 것.

마음이 힘든데 이유를 모르겠는 사람들에게 삶은 더 고되게 느껴질 수도 있다. 이유를 모르니까.

그때 '고됨'과 '고'는 인생의 디폴트라고 말하며 그냥 넘기지는 말자.

대신 만족을 찾는 데 더 집중하며 마주해 보자. 하면 된다.

나도 앞으로도 할 거다. 원하니까. 내가 그러기로 했으니깐.

그리고… 뜬금없지만… 나는 이제 치킨 한 마리 정도는 거뜬히 먹을 수 있는 사람이 되었다는 점까지 자랑해본다.

마무리 기념으로 우리 함께 치킨 한 마리 먹으면서 기분 좋게 마주해 보자.

함께 뜯어 보자.

아니… 함께 해 보자!

간사한 인간이지만, 그럼에도 성장하고 있다고 나를 안주 삼아도 좋다.

바사삭

이제

진짜 끝!

하기 전에

진짜 마지막으로 부탁이 하나 있다.

드라마를 보면 주인공이 새로운 변화를 맞이하게 되었을 때 비현실적인 반짝이는 빛과 함께 통통 튀고 감성을 자극하는 배경음악이 깔린다. 하지만 그건 드라마의 효과일 뿐이다.

현실에선 그렇지 않으니 지금 당장 조명이 좋은 곳으로 이동해서 감성이 충만해질 수 있는 노래를 하나 튼 다음 이 책을 덮어주길 부탁 드린다.

만족하는 삶이 되길, 진심으로 응원한다.
툭!

See you tmr!

쿠키 문장

이정도로 했는데 아직도 치킨을 안 먹는다면
좀 많이 섭섭하다.
나는 이 글을 쓰면서 치킨을 몇 마리 먹었는지 모르겠다.

치킨을 먹을 때마다,
치킨 광고를 볼 때마다,
닭가슴살,
닭다리,
계란까지
치킨과 관련된 무언가를 볼 때면
꼭 이 문장을 떠올리길 바란다.

'치킨도 먹는데, 못할 것도 없지'

치킨도 먹는데 못할 것도 없지

초판1쇄발행 2023년 10월 21일
저자 장우연
편집 민지현
펴낸곳 우브
ISBN 979-11-984813-0-6 (03810)

이 책은 저작권법에 따라 보호받는 저작물입니다. 무단 전재와 복제를 금합니다.
잘못된 책은 구입하신 서점에서 바꾸어 드립니다.